पवन करण

पवन करण का जन्म 18 जून, 1964 को ग्वालियर, मध्य प्रदेश में हुआ। उन्होंने पी-एच.डी. (हिन्दी) की उपाधि प्राप्त की। जनसंचार एवं मानव संसाधन विकास में स्नातकोत्तर पत्रोपाधि।

उनके प्रकाशित कविता-संग्रह हैं—'इस तरह मैं', 'स्त्री मेरे भीतर', 'अस्पताल के बाहर टेलीफोन', 'कहना नहीं आता', 'कोट के बाजू पर बटन', 'कल की थकान', 'स्त्रीशतक' (दो खंड) और 'तुम्हें प्यार करते हुए'। अंग्रेजी, रूसी, नेपाली, तमिल, तेलुगु, कन्नड़, गुजराती, असमिया, बांग्ला, पंजाबी, उड़िया तथा उर्दू में उनकी कविताओं के अनुवाद हुए हैं और कई कविताएँ विश्वविद्यालयीन पाठ्यक्रमों में भी शामिल हैं।

'स्त्री मेरे भीतर' मलयालम, मराठी, उड़िया, पंजाबी, उर्दू तथा बांग्ला में प्रकाशित है। इस संग्रह की कविताओं के नाट्य-मंचन भी हुए। इसका मराठी अनुवाद 'स्त्री माझ्या आत' नांदेड महाराष्ट्र विश्वविद्यालय के स्नातकोत्तर पाठ्यक्रम में शामिल और इसी अनुवाद को गांधी स्मारक निधि नागपुर का 'अनुवाद पुरस्कार' प्राप्त। 'स्त्री मेरे भीतर' के पंजाबी अनुवाद को 2016 के 'साहित्य अकादमी पुरस्कार' से पुरस्कृत किया गया।

उन्हें 'रामविलास शर्मा पुरस्कार', 'रज़ा पुरस्कार', 'वागीश्वरी पुरस्कार', 'शीला सिद्धान्तकर स्मृति सम्मान', 'परम्परा ऋतुराज सम्मान', 'केदार सम्मान', 'स्पंदन सम्मान' से भी सम्मानित किया जा चुका है।

सम्प्रति : 'नवभारत' एवं 'नई दुनिया', ग्वालियर में साहित्यिक पृष्ठ 'सृजन' का सम्पादन तथा साप्ताहिक-साहित्यिक स्तम्भ 'शब्द-प्रसंग' का लेखन।

ई-मेल : pawankaran64@rediffmail.com

स्त्रीमुग़ल

पवन करण

राधाकृष्ण पेपरबैक्स

राधाकृष्ण पेपरबैक्स में
पहला संस्करण : 2023

राधाकृष्ण पेपरबैक्स : उत्कृष्ट साहित्य के जनसुलभ संस्करण

राधाकृष्ण प्रकाशन प्रा. लि.
जी-17, जगतपुरी
दिल्ली-110 051
द्वारा प्रकाशित

शाखाएँ : अशोक राजपथ, साइंस कॉलेज के सामने, पटना-800 006
पहली मंजिल, दरबारी बिल्डिंग, महात्मा गांधी मार्ग, प्रयागराज-211 001
1, अनमोल सोराबजी सन्तुक लेन, धोबी तलाव, मरीन लाइंस, मुम्बई-400 002
वेबसाइट : www.radhakrishnaprakashan.com
ई-मेल : info@radhakrishnaprakashan.com

विकास कम्प्यूटर एंड प्रिंटर्स
ट्रॉनिका सिटी-201 102
द्वारा मुद्रित

मूल्य : ₹ 299

STREEMUGHAL
Poems by Pawan Karan

ISBN : 978-81-19092-69-7

स्त्रीमुग़ल की स्त्रियों के लिए

क्रम

स्त्रीमुग़ल

ख़ानज़ादा बेगम*

भाई की बहादुरी और मेरी ख़ूबसूरती के पास
इसके अलावा कोई रास्ता न था, कि मैं चलकर जाऊँ
और ख़ुद को हवाले कर दूँ शैबानी के

मौत से कुछ फ़ासले पर खड़े भाई की आँखें
मेरे आगे झुकी थीं और भाई के लिए ख़ुद को
लाश में बदलने को तैयार मेरी आँखें भाई के आगे

भाई और उसके हरम को जिसका हिस्सा मैं भी थी एक
मेरी क़ैद के बल पर हासिल होने जा रही आज़ादी
ख़ुशी की जगह ग़म से भर रही थी

जिसे किसी ने नहीं सुना वह,
दुश्मन ख़ेमे की ओर बढ़ते हुए कहा मैंने ख़ुद से
औरतें जंग का हिस्सा न होते हुए भी
जंग का हिस्सा होती हैं ख़ानज़ादा

फ़तह हासिल करने वाले कुछ ऐसे भी होते हैं
जिनकी इच्छा शिकस्त खाने वाले के हरम में
घुसे बिना नहीं मानती जितने वे जीत की ओर बढ़ते हैं
उतने दुश्मन के हरम के भीतर पहुँचते हैं
वे अपनी फ़तह का आख़री क़दम
हारे हुए के हरम में रखने के बाद ही
ख़ुद के जीतने का ऐलान करते हैं

---

* तैमूरी शहज़ादी। बाबर की बड़ी बहन। जिसे जंग में पराजित बाबर की जान बचाने के लिए उज़्बेक सुल्तान मोहम्मद शैबानी ख़ाँ से विवाह करना पड़ा।

मैं कोई पहली नहीं हूँ जिसे ख़ुद आगे बढ़कर
दुश्मन की ख़्वाबगाह में क़दम रखना पड़ रहा हो
मुझसे पहले भी कई औरतें हुईं
जंग के ख़ात्मे तक पहुँचते-पहुँचते
जिनके जिस्म जंग के मैदान में बदल गए
और फ़तह की आख़री मुनादी भी हुई वहीं से

जिन्हें शिकस्त ने औरत की जगह
ऐसे असबाब में बदल दिया जिसकी लूट को
बेशक़ीमती मानते आए सब अब तक
जिसे हारे हुए के सिर से उतारकर जीता हुआ
अपने सिर पर पहन के दिखाता आया सबको

इस जंग में मैं भी एक और
ऐसी ही औरत होने जा रही हूँ साबित

जंग के मैदान में अपनी-अपनी
फ़तह और शिकस्त समेटकर दोनों अपने ख़ेमों में
लौट जाते हैं मगर हारे हुए ख़ेमे की
औरत के पास जीते हुए ख़ेमे में
ज़िन्दगी भर हारने के अलावा कुछ नहीं बचता।

ख़ुर्शीद*

ख़ुर्शीद, मैंने वहाँ से चलते समय ही सोच लिया था
मुझे पाने के लिए मेरे जिस क़बीले को
रौंदकर रख दिया बादशाह बाबर ने, मैं उसी कबीले की
हिफ़ाज़त का ज़िम्मा उनसे माँगूँगी

वहाँ रहते हुए मैं जान गई थी ये ख़ून-ख़राबा
अब वह बस मेरे लिए किए जा रहे हैं
और आख़री में हासिल करके ही रहेंगे मुझे

वहाँ मैं जब ख़ौफ़ज़दा : यूसुफ़ज़ईयों का हौसला देखती
तो नाज़ से भर उठती, मगर बादशाह की ताक़त
उनकी हिम्मत का सिर काटे जा रही थी लगातार

मैं सोचती क्यों न मैं ही आगे बढ़कर कह दूँ
यदि आप नहीं सौंपेंगे तो वह छीन लेंगे मुझे
हमारी ताक़त इतनी नहीं कि मुझे बचा ले

एक से मुझे आपने बचा भी लिया तो क्या
कोई दूसरा मुझे इसी तरह छीनने खड़ा हो जाएगा
आप सब मेरे लिए लड़ते-लड़ते मिट जाएँ
तब भी कोई मुझे आपके पास नहीं बचने देगा

मेरी ख़ूबसूरती क़बीले की दुश्मन ही नहीं
दोस्त भी बन सकती है, बेहतर है कि अभी

---

* बाबर की नि:संतान बेगम बीबी मुबारक यूसुफ़ज़ई जिसे बाबर ने यूसुफ़ज़ईयों को रौंदकर हासिल किया था उसकी प्रिय सहेली थी।

ख़ुशी-ख़ुशी उसके साथ विदा कर दें मुझे

मुल्क का बादशाह हो या क़बीले का सरदार
हम औरतों को तो वे एक-दूसरे से छीनते
और अपनी पगड़ी में कलग़ी सा लगाते आए हैं
जो हमें छीन लेने में कामयाब हो जाता है
उसे लगता है दुश्मन का सिर
और उसकी आबरू दोनों उसके क़दमों में है

ख़ुर्शीद, हमने इन हमलावरों की शिकार होकर
इनकी क़ैद में रहने के लिए ही जन्म लिया है
हमारे पास भी अपने ही जैसी उन औरतों से अलग
कोई रास्ता नहीं जो हममें शामिल होकर
हमारे साथ अपनी ज़िन्दगियाँ बिताती हैं

मगर जब पहली दफ़ा उन्होंने मुझे और मैंने देखा उन्हें
मुझे लगा ये जांबाज़ मुझे मुग़लिया शान में
बढ़ोतरी और यूसुफ़ज़ईयों की साख में
घटोतरी के लिए नहीं पाना चाहता
बल्कि ये मेरी मुहब्बत में डूब जाना चाहता है।

ईशान दौलत बेगम*

हिन्दुस्तान की झोली हीरे जवाहरात से भरी है बाबर
तुम्हें उसे अपनी मुट्ठी में भरते हुए
एक बड़े मुल्क की बादशाहत हासिल करनी चाहिए

मैं देख रही हूँ तुम्हारे घोड़े ही नहीं
भागते-भागते तुम भी खीजने लगे हो
तुम्हारे पीछे घिसटता तुम्हारा हरम बेदम है

एक ख़त्म होती जंग की कोख से निकलकर
एक और जंग तुम्हारे आगे खड़ी हो जाती है
ये सिलसिला रुकने का नाम ही नहीं लेता

तुम्हारे हाथों लुटा क़िला दुश्मन के हाथ लौटने में
देर नहीं लगाता, साथ छोड़ देने में भी
तुम्हारे जंगबाज़ों का कोई मुक़ाबला नहीं

तुम एक बड़े मुल्क का बादशाह होने की
हैसियत रखते हो और हिन्दुस्तान जैसे बड़े मुल्क को
तुम्हारे जैसे हौसलेदार बादशाह का इन्तज़ार है

वक़्त आ गया है कि हिन्दुस्तान में अब
मुग़लिया सल्तनत क़ायम हो, हिन्दुस्तान की अवाम
मुग़लों की हुकूमत से भी वाक़िफ़ हो

---

* बाबर की नानी। कहा जाता है कि वह बड़ी चतुर स्त्री थी। जिसने बाबर को हिन्दुस्तान फ़तह करने के लिए अपनी ओर से तलवार दी। बाबर के दिल में भी हिन्दुस्तान फ़तह करने की पुरानी ख़्वाहिश थी।

तुम्हें वापस लौटने के लिए नहीं
कभी वापस न लौटने के लिए
हिन्दुस्तान में अपने पैर रखने चाहिए

क्या तुम नहीं चाहते कि किसी मुल्क का
तख़्त और ताज ज़िन्दा रहने तक तुम्हारा हो
मुग़लिया ख़ानम और बेगमें तुम्हारी बादशाहत में
बाक़ी उम्र बेफ़िक्र ज़िन्दगी जी सकें
निकाह कर अपने शौहरों के साथ
जाती हुईं शहज़ादियाँ तुमसे ले सकें रुख़सत

तुम्हारे बेटे ख़ुद को हिन्दुस्तान के शहज़ादे
कहा जाना सुन सकें और मैं भी तुम्हें हिन्दुस्तान का
बादशाह देखते हुए मर सकूँ चैन से

मुझसे वादा करो बाबर तुम्हें हिन्दुस्तान का
बादशाह देखने की मेरी ख़्वाहिश
तुम ज़रूर पूरी करोगे, वादा करो
तुम जब तक हिन्दुस्तान को फ़तह नहीं कर लेते
मेरी दी इस तलवार को म्यान में नहीं रखोगे।

कुतुलुग़ निगार ख़ानम*

हिन्दुस्तान को तो हमने हासिल कर लिया बाबर
मगर अभी हमारा हिन्दुस्तानियों के दिलों को
अपना बनाना बाक़ी है और हम जानते हैं
कि इसके लिए हमें तलवार की नहीं
ईमानदार मुहब्बत की ज़रूरत होगी

हिन्दुस्तान की अवाम रोटी और मुहब्बत
दोनों की भूखी है, हम अब तक यह
सुनते आए थे, अब देखना भी हो रहा है
लगता है इस मुल्क के राजाओं, सुल्तानों
और बादशाहों ने इसकी अवाम को
दोनों से ही महरूम रखा है

ऐसा न होता तो हमें हर तरफ़ यहाँ की अवाम
बदहाल नज़र नहीं आती, यह भी
कि इस मुल्क की सारी दौलत को
तो दरबार और दरबारियों ने अपनी बाँदी बना रखा है

बेशर्म बना दी गई किसी रक़्क़ासा की तरह वह भी
अमीरों के आगे खुलकर नाच रही है
ये नज़ारा आम और तकलीफ़देह है
मगर क्या हम इस नज़ारे को बदल पाएँगे
या हम भी इसे अपने पैरों में पड़ा देखकर ख़ुश होंगे

---

* बाबर की माँ।

काबुल से हमारा मोह नहीं छूटता तब भी
बार-बार लुटते-उजड़ते हम ये जानते हैं
कि हम इस मुल्क को लूटने के लिए नहीं
ख़ुद को इस पर लुटाने के लिए आए हैं
इसकी तरफ़ बढ़ते वक़्त हम सबमें ये सख़्ती नहीं थी
मगर जैसे-जैसे हम इसके भीतर और भीतर
बढ़ते गए हमारा निश्चय और गहराता गया

बाबर अब हम इस मुल्क के मालिक ही नहीं
इसके मुलाज़िम भी हैं, ख़ास हो या आम हर शख़्स
मुल्क का कारिंदा ही होता है, हमसे पहले
हमारे ही जैसों ने इस मुल्क को बहुत लूटा
इसके साथ जैसा चाहा वैसा सुलूक किया

यहाँ की अवाम को लगता है हम भी इसे
और ख़ाली करके वापस लौट जाने के लिए आए हैं
हम भी औरों की तरह लुटेरे और हत्यारे ही हैं
वह हमारे चेहरों में पिछले चेहरे देख रही है

हमें हमसे डरी हुई मुल्क की अवाम के आगे
अपने चेहरों से पुराने चेहरे नोचकर फेंकना है
और अपना एक नया चेहरा
एक हिन्दुस्तानी चेहरा जो मुल्क के अवाम के
चेहरे से मिलता हो मुल्क के सामने रखना है।

हुल हुल अनीगा*

क्या बादशाह की मुहब्बत हासिल करने का हक़
मुझे नहीं है, क्या ये हक़ बस बादशाह को है
मुहब्बत के लिए वे जिसे चाहें कर लें हासिल

बादशाह से पहले आप मेरे लिए एक मर्द थे
लगातार अपनी जान पर खेलते एक जांबाज़ मर्द
अब ऐसे मर्द और शायर पे कौन औरत न मर मिटे

बादशाह हुज़ूर...आपके साथ शराब पीना
तो एक बहाना था, अस्ल मक़सद तो अपने
महबूब मर्द की गंध को साँसों में भरना था

उसकी आँखों में आँखें डालकर देखना और
अपनी मुस्कराहट को उसके होंठों तक पहुँचाना था

क्या मजलिस में ये किसी से छिप सका होगा
कि आपने मुझे नज़र भरकर देखने में
कोई कंजूसी नहीं की, मेरा रत्ती-माशा तक तौल लिया

जिसके ज़ेहन में आप सरीखा जंगबाज़ चढ़ा बैठा हो
शराब उस पर कितना चढ़ सकती है
आपके तख़्त पर शराब जाकर ख़ुद को
बादशाह घोषित कर दे उसकी इतनी औक़ात नहीं

---

* जिसने मजलिस में बाबर के साथ शराब पी। इससे पहले बाबर ने किसी औरत को शराब पीते नहीं देखा था। जिसने नशे में डूबे बाबर की ख़ूब मिन्नतें कीं मगर बाबर आगे नहीं बढ़ा।

आपने मुझसे पहले किसी औरत को
शराब पीते नहीं देखा और मैंने भी अपनी पसन्द के
किसी मर्द के साथ शराब नहीं पी

इससे पहले जिनके साथ जश्ने-शराब हुए
उनमें मैं मर्दों के साथ में तो रही
मगर आज की तरह कभी
अपनी किसी चाहत के सामने नहीं बैठ सकी

अफ़सोस बादशाह हुज़ूर आप मुझ सरीखी
आग को अपनी बाँहों और तूफ़ान को
अपने दिल में भरने से रह गए

ये नहीं जान सके कि तलवार की क़िस्मत में भी
किसी औरत की धार से हारना लिखा होता है

मुहब्बत आपके क़दमों में अपना सिर पटकती रही
और आपने उसे बस औरत मानकर ठुकरा दिया।

बैदा बेगम*

दवाएँ और दुआएँ अपना काम कर चुकीं
अब हमारे पास ज़्यादा ज़िन्दगी नहीं बची माहम**
ज़हर हमारी रगों में बसकर रह गया है
बादशाह मरता हुआ देख रहा है ख़ुद को

सल्तनत, दौलत, फ़ौज और हमारे चारों बेटे
सब मिलकर भी ज़िन्दगी नहीं दे सकते हमें
हमारी मौत तारीख़ में इसलिए भी दर्ज होने जा रही है
कि अपने बादशाह बेटे की मौत का बदला
एक माँ दूसरे बादशाह को मारकर ले रही है

लगातार लड़ते रहने वाला और जंग में
दुश्मन के हाथों मारे जाने की इच्छा रखने वाला
बादशाह बाबर बिस्तर पर जा रहा है मरने
तुम्हारा पूछना जायज़ है कि हमें
इस हालत में पहुँचाने के लिए ज़िम्मेदार
बैदा बेगम को हमने क्यों माफ़ कर दिया

माहम, जब बैदा बेगम को हमारे सामने लाया गया,
तब वह हमें दुश्मन की माँ की जगह
अपनी माँ की तरह लगी, हमें लगा
जैसे हमारे दुश्मन से हमारी मौत का
बदला लेने वाली हमारी माँ सामने खड़ी है हमारे

---

* इब्राहिम लोधी की माँ। जिसने बाबर को ज़हर दिया।

** माहमबेग बाबर की बीबी

उस समय हमें उसकी आँखों में
लोधियों की सल्तनत छिन जाने का नहीं
बेटे की मौत का ग़म नज़र आ रहा था

सब चाहते थे कि हम उसे तोप के मुँह से
बाँधकर उड़वा दें मगर तैमूरी तलवारें
औरतों पर चलने के लिए नहीं बनी हैं

हमारी क़िस्मत में एक माँ के हाथों मरना लिखा था
अपने बेटे को दूध पिलाने वाली एक ऐसी माँ के हाथों
जिसने एक दूसरी माँ के बेटे को ज़हर पिला दिया

हमने माफ़ करते वक़्त पूछा भी था उससे
दुश्मन ही सही मगर एक माँ
एक बेटे के साथ ऐसा कैसे कर सकती है

जिस वक़्त आप ऐसा कर रही थीं आपको
मेरे चेहरे में अपने बेटे का चेहरा नज़र नहीं आया

मगर तब मेरे पास बैदा बेगम की इस बात का
कोई जवाब न था जब उसने मुझसे कहा
बादशाह बाबर क्या तुम्हें भरोसा है कि
मेरी जगह कुतुलुग़ निगार ख़ानम
अपने बेटे के क़ातिल को ज़हर देने का मौक़ा छोड़ देती।

बीबी मुबारक यूसुफ़ज़ई*

तुम्हारी आख़िरी ख़्वाहिश पूरी करने के अलावा
मेरे पास कोई चारा न था

यदि मुझसे पूछा होता तुमने
तो मैं यही कहती
मैं चाहती हूँ यहीं दफ़्न रहो तुम

मगर दफ़्न होने की इच्छा
जिसमें जगह हो दर्ज
नहीं बदली जा सकती किसी की
और तुमने तो जीते जी
जता दिया था इसे

हुमायूँ और तुम्हें देखकर लगता
कि हिन्द को जीतना ही नहीं
बल्कि यहीं बसना और इसे
सँवारना भी चाहिए तुम्हें
और होते हुए बस इसके
यहीं होना चाहिए तुम्हें दफ़्न

इसे लूटने तुम्हारा लौटना
लूटकर लौट जाने के लिए नहीं
लूट को बादशाहत में बदलने

---

* बाबर की विधवा जो शेरशाह के शासन में उसकी अस्थियाँ चारबाग आगरा से काबुल ले गई।

और उसे इसी पर
लुटा देने के लिए चाहिए होना

मुग़लों का लड़ाकू होना
मुझे यह यक़ीन दिलाने में
कभी पीछे नहीं हटता
कि आगे आने वाली नस्लें तुम्हारी
बस इसे जीतने और जीतकर
लौट जाने के लिए नहीं

इसकी बादशाहत करने, यहीं बसने
और दफ़्न होने के लिए
चुनेंगी इस ज़मीन को
ऐसे में पहले मुग़ल बादशाह की क़ब्र का
यहाँ न होना अखरेगा सभी को

मैं तो तुम्हारे फ़ैसले से बँधी हूँ
मगर मुझे लगता है
मुग़लों की अगली पीढ़ियाँ
हिन्द की ख़ाक* से ही बाँधकर रखेंगी ख़ुद को।

---

* मिट्टी।

तुर्ख़ान बेग*

तलवार, बेगी आग़ा** से पहले, तुम्हारी गर्दन पर
चलनी चाहिए थी तुर्ख़ान बेग

मिर्ज़ा कामरान तुम्हारे कहने पर ही,
रूमाल और ख़त भेजकर, हरम बेगम पर अपनी
मुहब्बत का खुलासा करने को हुआ राज़ी

तुमने इस हक़ीक़त को झूठला दिया
कि हरम कामरान के छोटे भाई की बेगम है
और इसके नतीजे में भाइयों की तलवारें
एक-दूसरे की गर्दन तक पहुँच सकती हैं

जिसकी कोई माफ़ी नहीं थी
तुम्हारी उस सलाह ने उन्मादी कामरान की
ज़िन्दगी में एक ऐसी ग़लती दर्ज कर दी
कि इस करनी का ज़िक्र ही
नज़रें झुकाने के लिए बहुत होगा मुग़लों को

अपने शहज़ादे भाइयों की मौत के बाद
उनके हरम को अपने हरम में
शामिल कर लेना तो चलन में रहा मुग़लों के

---

* कुटनी औरत जिसने मिर्ज़ा कामरान को अपने छोटे भाई मिर्ज़ा सुलेमान की बेगम और मिर्ज़ा इब्राहिम की माँ हरम बेगम पर मुहब्बत प्रकट करने के लिए प्रेरित किया।

** जो कामरान का भेजा रूमाल और प्रेमपत्र लेकर हरम बेगम के पास गई। इस काम के लिए जिसकी गर्दन काट दी गई।

मगर इससे पहले किसी मुग़ल ने भाई के होते
ऐसा किया हो सुना न था किसी ने

तुम जानती थीं कि काबुल में हुमायूँ के
हरम के ख़र्च में कटौती करने वाला मिर्ज़ा
बिना सोचे कूद पड़ेगा इस आग में

तुर्ख़ान बेग ये कोई जान सकेगा
कि तुमने ऐसा क्यों किया?
अपने उकसावे से साथ लड़ते भाई को
सामने लड़ते भाई में बदल देने वाली
क्या तुम वाकई में कामरान की वफ़ादार थीं

अन्धा कर दिए जाने के बाद मक्का भेजे गए
कामरान को इसका कोई अफ़सोस रहा,
साथ रही माहचूचक बेगम* से नहीं चल सका पता

मगर तुर्ख़ान तुम्हें कभी माफ़ न करने का
फ़ैसला करने वाली हरम बेगम ने
ज़रूर कहा किसी से, वक़्त ने जो सज़ा
कामरान को दी वो हक़दार था उसका
मेरे लिए अपने दिल में मैल लाने वाले
मिर्ज़ा के लिए मेरे मन में अब मैल नहीं कोई।

---

* कामरान की बेगम जो अन्धे कामरान के साथ मक्का गई।

गुलचेहरा बेगम*

मुझे किसी भाई के चेहरे में तुम्हारा चेहरा
नज़र नहीं आता, किसी की आवाज़
तुम्हारी आवाज़ जैसी नहीं लगती, किसी का हाथ
तुम्हारे हाथ की तरह मेरे सिर पर नहीं होता

मैं भूल नहीं पाती कि कैसे बीमार पड़ने पर
मेरे बिस्तर के पास से नहीं हटे तुम
तुमने मेरे लिए रात-रात भर
नहीं झपकने दीं अपनी पलकें
मेरे लिए तुम्हारी दुआओं ने जितना किया
दवाएँ नहीं कर सकीं उतना

मैं कितना बाँच लेती हूँ और मुझे कितना याद रहता है
मुग़ल शहज़ादा होते हुए भी,
ये देखने का वक़्त बस तुम्हारे पास था
इसके बावजूद कि मैं अकेली नहीं
मेरे साथ-साथ दो बहनें और थीं तुम्हारी
मगर तुम्हारी मुहब्बत जैसे बस मेरे लिए ही थी

भले ही तुम्हारी मौत का मातम मनाते
बादशाह भाई को रोकते हुए तुम्हारी मौत को
भाई की जगह दुश्मन की मौत कहा गया हो
मगर तबक़ची** को बचाने के लिए
खाई में उतरकर एक और भाई के हमले में

---

* अपने भाई मिर्ज़ा हिन्दाल की मौत के ग़म में पागल हो जाने वाली बाबर की बेटी।

** धातु की पहचान रखने और क़ीमती बर्तन बनाने में माहिर।

अपनी जान गँवा देने वाले
मेरे दिलेर भाई ऐसा तुम ही कर सकते थे

तुम्हारे पास ही अपने साथियों के लिए
वो मुग़लिया वफ़ादारी और जज़्बा था
जिसके चलते अब्बा हुज़ूर कलन्दर* कहलाए
उन्होंने सबके बीच हासिल की
दौलत लुटा दी और तुमने जान अपनी

क्या भाई के लिए भी कोई इस तरह पागल होता है
मेरे कानों तक उनका ये कहना पहुँच रहा है
हाँ, मेरे शहीद भाई मुझे तुम्हारा क़त्ल होना
उस दिन के क़त्ल होने की तरह लग रहा है
जिस रोज़ तुमने कहा था मुझसे

गुलचेहरा अपने भाइयों की तरह मैं भी
बादशाहत की इच्छा रखता हूँ और उसके लिए
जान लड़ाने के लिए तैयार रहता हूँ अपनी

मगर असलियत तो यह है कि मेरी सल्तनत
तो अम्मी से शुरू होकर बेगम और बच्चों से होती हुई
तुम बहनों पर आकर ख़त्म होती है
और इसमें तुम्हारा बड़ी मुहब्बत से
भाईजान पुकारना मुझे बादशाह सुनाई देता है।

---

* बाबर।

माहचूचक बेगम*

अपने अन्धे शौहर का साथ देने का यह मतलब नहीं
कि मैं इससे पहले के उनके फ़ैसलों में साथ रही हूँ

एक मैं थी जो उनके निर्णयों को उनके ही आगे
काग़ज़ की तरह फाड़ती और उड़ाती रही
उनकी धज्जियाँ, मैंने उनके हुक्म
और उन्हें हमेशा अलग करके देखा

मैं नहीं बता सकती कि जब मैं उनके
फ़ैसलों के बरअक्स अपना विरोध दर्ज करती
वे क्या सोचते, मगर मैंने कभी अपने
पक्ष रखने के हक़ से समझौता नहीं किया

मैं सोचती और हर बार इस हौसले से भर जाती
कि कम-से-कम मैं अपनी बात तो
सुल्तान हुज़ूर के सामने रख पाती हूँ

उनकी जो बेगमें उनके फ़ैसलों को सराहतीं या उन पर
चुप बनी रहीं इस वक़्त कोई साथ नहीं उनके

मगर हरम न छोड़ने का फ़ैसला उनका था
जिसकी आज़ादी थी उन्हें, मैं शौहर के साथ
अपने जाने और उनके न जाने को

---

* कामरान को ब्याही शाह हुसैन अर्गून और माहचूचक अर्गून की बेटी। जो अन्धे कामरान के साथ मक्का गई।

बराबर से देखती हूँ, साथ न जाने का फ़ैसला
उन्हें कमतर और मुझे बेहतर नहीं बनाता

रास्ते भर लोग मुझसे कहते रहे, बीवी हो तो तुम सरीखी
मगर मैं हर एक से कहती, वे बीवियाँ भी
मुझसे कम नहीं जो इस वक़्त साथ नहीं इनके
थोड़ी-थोड़ी वे सब मुझमें शामिल हैं
बेहतर हो कि आप उन सबको मुझमें देखें

पीछे छूट गईं उन बेगमों का जीवन भी
साथ जा रही मेरी ज़िन्दगी की तरह आसान नहीं
हरम और धरम दोनों ही जगहें
हम औरतों के लिए महफ़ूज़ नहीं

मगर मेरा मानना है कि हमारा बचना
सब सहने और चुप रहने में नहीं

अपनी कह सकने में बसा है
जैसे अपने शौहर के साथ आगे बढ़ते हुए
मैं सबसे अपनी कह रही हूँ।

मासूम सुल्ताना बेगम*

तुम्हारा भाई हिन्दुस्तान का बादशाह है
इसका मतलब यह नहीं कि मैंने
बादशाह होने का ख़्वाब देखना छोड़ दिया है

तुम्हें लगता है कि मैं उसे धोखा दे रहा हूँ
जबकि मैं तो मुल्क का तख़्त
हासिल करने की कोशिश कर रहा हूँ
मत भूलो यदि मैं बादशाह हुआ
तो तुम भी मलिका-ए-मुल्क बनोगी

बादशाहत वे हासिल कर लेते हैं जो उसे
पाने की कोशिश करते हैं जो उसे पाने की
नहीं सोचते वे हमेशा उसके आगे
अपना सिर झुकाए खड़े रहते हैं
और मेरा सिर झुके-झुके थक गया है
अब यह कटकर ज़मीन पर गिरना
या फिर मुल्क का ताज पहनना चाहता है

मैं ही नहीं तुम्हारे और भाई भी
मुल्क का बादशाह होना चाहते हैं इसके लिए
वे कोई भी हद पार करने को तैयार हैं
तख़्त पाने की उनकी और मेरी कोशिश में
अन्तर नहीं कोई, क्या मैं बस इसलिए पीछे हट जाऊँ
कि मैं तुम्हारा भाई न होकर शौहर हूँ

---

* मुहम्मद ज़मा मिर्ज़ा को ब्याही। बाबर की बेटी। हुमायूँ की बहन।

किसी भी तरह सल्तनत हासिल करना
तुम्हारी नज़रों में षड्यंत्र होगा, तख़्त की
चाहत रखने वाले तुम्हारे भाइयों
और मेरी नज़रों में ये एक कोशिश है

ये कोशिश मैं नहीं करूँगा तो कोई और करेगा
मेरी तरह कोई और मुग़लिया सल्तनत के
दुश्मन से मिलेगा और क़िस्मत ने साथ दिया
तो हिन्दुस्तान का बादशाह भी कहलाएगा

मेरे ज़ेहन और हौसले पर सन्देह करने वाली बेगम
अपने बिगड़ैल शौहर को तख़्त के लिए
लड़ता देखो, मैं इसे हासिल कर भी सकता हूँ
और इसके रास्ते में मर भी सकता हूँ

बेहतर है कि अब तुम यह मान लो
कि न तो बादशाह तुम्हारा भाई है
और न मैं तुम्हारा शौहर, तुम्हारी ज़िन्दगी में
हम दो ऐसे मर्द हैं जिनमें से एक बादशाह है
और एक बादशाह होने की इच्छा रखने वाला

जिस तरह शाही मुग़लानियाँ तख़्त तक
पहुँचने के रास्ते में अपने बेटे और भाइयों को
आपस में कटता-मरता देखती हैं
मुझे तुम भी तख़्त की ओर बढ़ता देखो।

दिलदार अग़ाचा बेगम*

बादशाह हुमायूँ के होते अपने सिर मुल्क का ताज पहन
अपने नाम का ख़ुतबा पढ़वा और सिक्के ढलवाकर
तुमने ठीक नहीं किया हिन्दाल

इससे मेरी नज़रें भी ख़ुद के आगे झुक गई हैं
मुझे तुम्हारा ये कहना भी मंज़ूर नहीं
कि तुम्हारे सभी भाई मुल्क का बादशाह
होना चाहते हैं, ऐसे में मुल्क के
तख़्त पर बैठकर कोई ग़लती नहीं की तुमने

एक भाई के बादशाह होते तुम सब भाई
बादशाह होना चाहते हो और सब भाइयों के
बादशाह होने की चाहत ही
एक-एक कर सबको मार देती है

तुम तीनों अपनी-अपनी सूबेदारियों
और हुमायूँ अपनी बादशाहत में ख़ुश रहें
सूबेदारियाँ भी किसी बादशाहत से कम नहीं
एक भाई के बादशाह और तीन भाइयों की
सूबेदारी के होते मुग़लिया सल्तनत
कितनी महफ़ूज़ हो जाती है

मगर सूबेदार रहते भाइयों की निगाहें हर वक़्त
मुग़लिया सल्तनत को बढ़ाने की जगह

* बाबर की बेगम। हिन्दाल और गुलबदन की माँ। जिसने हिन्दाल की तख़्त हासिल करने की कोशिश पर अपनी नाराज़गी दिखाई।

मुग़लिया बादशाहत को हासिल करने में लगी रहती हैं
उसे पाने के लिए अपने ही ख़ून के ख़िलाफ़
षड्यंत्र और संघर्ष करने में नहीं हिचकिचातीं

तुम आपस की जंग में कूद पड़ते हो और हम माँओं को
ख़्वाबों में तुम्हारे जनाज़े नज़र आने लगते हैं

हिन्दाल, मैं कहती हूँ तुम्हें अपने ज़ेहन से
हिन्दुस्तान का बादशाह होने की बात निकाल देनी चाहिए
और बादशाह के साथ मिलकर हिन्दुस्तान में
मुग़लिया सल्तनत को बचाने की लड़ाई लड़नी चाहिए

मुझे तुम्हारी ही नहीं मुग़लिया सल्तनत की
क़िस्मत भी अँधेरे में डूबती नज़र आ रही है
तुम चारों पायों की तरह हिन्दुस्तान के तख़्त में
लगे रहोगे तो सल्तनत बची रहेगी

तुम तख़्त से निकलकर तख़्त पाने दौड़ोगे
तो जहाँ को तुम फ़र्श पर गिरते दिखाई दोगे
तख़्त पा लेने से कठिन तख़्त को
पास बनाए रखना है, क्या यह कम है
कि तख़्त मुग़लों के पास है और तुम एक मुग़ल हो।

गुलरुख़ बेगम*

मैं चाहती थी कि शहज़ादे कामरान
और अस्करी में से कोई एक शायर हो
एक ऐसा मुग़लिया शायर जिसे आगे चलकर
शायर-ए-मुल्क का दर्जा हो हासिल

उसे शायर-ए-हिन्दुस्तान का दर्जा
मुग़लिया सल्तनत की ओर से नहीं
मुल्क की अवाम की तरफ़ से मिले

मगर शायरी में शहज़ादों की
दिलचस्पी तो है पर शायर-ए-आज़म
होने की चाहत किसी के पास नहीं

मुग़लिया बादशाह हों या शहज़ादे
शायरी सभी करते हैं, शहज़ादियाँ भी
पीछे नहीं शायरी करने में
उनकी शायरी मुग़लिया महफ़िलों
और दरबार से होती हुई अवाम के
कानों तक भी पहुँचती है

मगर उनमें से किसी की भी शायरी
रूमी, ख़ैयाम और ख़ुसरो के
क़रीब पहुँचती नज़र नहीं आती

---

* बाबर की बेगम। शहज़ादे कामरान और अस्करी की माँ।

मेरे दोनों शहज़ादे बेटों के लिए भी
शायरी नहीं सल्तनत पहले है
मैं चाहती हूँ कि कम-से-कम
मेरे एक शहज़ादे के लिए
उसकी शायरी ही उसकी सल्तनत हो

कुतुबख़ाना उसका दरबार हो
और क़लम उसके हाथों में थमी शमशीर
जो न किसी का सिर काटने के लिए
उठती हो न किसी को अपनी ग़ुलामी
क़ुबूल करने को मजबूर करती हो

जो ख़ून में नहीं स्याही में
डूबी रहना चाहती हो जिसकी बादशाहत
मुल्क की सरहदों के पार तक जाती हो
जिसके अदब में ख़ुशी-ख़ुशी
झुका देते हों सब अपने सिर

जब मैंने दोनों बेटों के आगे
अपनी इच्छा रखी तो दोनों की ओर से
एक सा जवाब मिला मुझे

अम्मीजान शायर होना मामूली बात नहीं
जो शायर हुए उनके पास
न सल्तनत थी न सिर पर ताज
तब भी वे याद किए जाते हैं
उनकी शायरी सल्तनत से भी आगे पहुँचती है

मगर हम शहज़ादे हैं हमें शायर नहीं
मुल्क का बादशाह होने की तरफ़
आगे बढ़ना सिखाया गया है
होश सँभालते ही हमारे हाथों में
क़लम नहीं शमशीर थमाई है

हम शायर नहीं हो सकते
हम शायर और शायरी के हुज़ूर में
अपना सिर ज़रूर झुका सकते हैं

हम दिल से शायर नहीं दिमाग़ से शहज़ादे हैं।

हबीबा बेगम*

अब्बा हुज़ूर को ये अधिकार मैंने नहीं दिया था
कि वे मुझे मेरे शौहर से अलग कर दें

मैं उनकी बेटी हूँ और बेटी को उसके शौहर से
अलग कर देने का मतलब उसकी
गुलाब सी ज़िन्दगी से ख़ुशियाँ नोच लेना है

हौसला कोई छुपने वाली चीज़ नहीं
वह जंग के मैदान में ही नहीं, बादशाह के
दरबार में भी दिखता है, वहाँ भी वह
एक बार से काट देता है ग़लत की गर्दन

मगर सल्तनत को लगता है वह सल्तनत है
इसलिए वह सही है उसकी हाँ ही मुल्क की हाँ है
पर हर वक़्त कोई न कोई न
उसके आगे सिर उठाए खड़ी होती है

मेरे शौहर भी मेरे अब्बा हुज़ूर के आगे
एक ऐसी ही न को सवाल की शक्ल में लेकर
खड़े हुए तो मुझे साथ गँवाना पड़ा उनका

शौहर से अलग होकर फ़ैसले के ख़िलाफ़
अब मैं ख़ुद एक सवाल बन गई हूँ

---

* आक़ सुल्तान को ब्याही कामरान की बेटी। आक़ सुल्तान जिसने कामरान को हुमायूँ से न लड़ने के लिए समझाया। कामरान के कहने पर शाह हुसैन मिर्जा ने जिसे उसके पति से अलग कर मक्का भेज दिया।

एक ऐसा सवाल जो इस तैमूरी ख़ानदान का
कभी पीछा नहीं छोड़ेगा,
वह तारीख़ में हर बार सामने होकर खड़ा
सबसे पूछेगा, आख़िर क्या कुसूर था मेरा
जो मुझे सज़ा दी गई ऐसी

मेरी शक्ल में मुग़लिया बेगमों
और शहज़ादियों को तारीख़ याद दिलाएगी
कि बाग़ों में गुलाब रोपने वाले ये मुग़लिया मर्द
अपने फ़ैसले की शक्ल में मेरी तरह
तुम्हारी ज़िन्दगी भी सुखा सकते हैं

जब कोई सूखती हुई बेल तुम्हें दिखाई दे
समझ लेना मुग़लिया फ़ैसले की मारी
वह कोई तैमूरी शहज़ादी है।

माहचूचक बेगम*

मेरे महबूब शौहर तुम्हें छोड़कर जाने के अलावा
मेरे पास कोई रास्ता नहीं, तुम्हारी बहादुरी
मुझे बचा नहीं सकेगी, मेरे साथ-साथ
क़त्ल कर दी जाएगी वह भी, अच्छा यही है
कि तुम्हारा हौसला भी बचा रहे और मैं भी

मेरा ख़ानदान जो मुझे तुमसे अलग
कर देना चाहता है उन्हें तुममें मेरा शौहर नहीं
बादशाह बाबर के आगे हाथ बाँधे खड़ा
एक हुक्मबरदार नज़र आता है, उनके होते
मैं एक मुग़लिया हाकिम की बेगम
हो सकती हूँ, ये बरदाश्त के बाहर है उनके
तब जब तुम्हारी एक बेटी की माँ हूँ मैं

मेरे समझाने का उन पर कोई असर नहीं
कि ओहदेदारी में भले ही कम हो, मगर
मेरी क़िस्मत में तुम्हारे जैसा चाहने वाला
शौहर लिखा था जो मुझे मिला भी,
जिसके रहते ख़ुशी मेरे पहलू में बैठी ही रहती है

---

* बाबर की फुफेरी बहन। उलूगबेग मिर्ज़ा काबुली की बेटी। उसकी विमाता ज़रीफ़ ख़ातून को मंज़ूर न था कि उसकी बेटी बाबर के नौकर कासिम कोकलताश की बीवी बने। उसे लगता था कि ये विवाह ख़ानदान की प्रतिष्ठा को धक्का लगा गया है। जिसके चलते माहचूचक को अपनी डेढ़ साल की बेटी और पति को छोड़कर जाना पड़ा। वह जाना नहीं चाहती थी मगर उसे डर था कि कुल-मान के नाम पर उसकी हत्या न हो जाए। बाद में उसका विवाह शाह अर्गून से हुआ।

मेरे क़दमों में बिछी उसकी बेतहाशा मुहब्बत
मेरे लिए उसकी सबसे बड़ी ओहदेदारी है
अब एक औरत को शौहर की
ढेर सारी मुहब्बत के सिवा और क्या चाहिए

मगर उनके लिए मुहब्बत में ग़ैरबराबरी भी
सल्तनत में ओहदेदारी के बराबर मायने रखती है
मुहब्बत के सामने झुके वे भले ही
सब एक जैसे नज़र आते हों मगर किसी के आगे
मुहब्बत पाने के लिए झुकते हुए
उसकी हैसियत के बारे में ज़रूर सोचा जाता है

वे मुझे औरत की तरह नहीं अपनी
इज़्ज़त की तरह देख रहे हैं
उनकी नज़रें मुझसे कह रही हैं
उन्हें अपनी इज़्ज़त की कमतरी बरदाश्त नहीं क़तई
या तो मैं उनकी इज़्ज़त की तरह रहूँ
या वे अपनी इज़्ज़त की शक्ल लिये
तुम्हारे पहलू में बैठी मुझे मिटा देंगे

मगर न मैं ख़ुद मिटना चाहती हूँ
न ही तुम्हें मिटते चाहती हूँ देखना

मेरी गुज़ारिश है तुम्हारी ज़िन्दगी से
हमेशा के लिए मेरे लौट जाने के बाद
अपनी बेटी को तुम अपनी इज़्ज़त मत मानना
ये हम दोनों की निशानी है
इसे बस हमारी मुहब्बत मानकर जीने देना।

मेवाजान*

मुग़ल हरम में ख़िदमतगारिनों का ख़ूबसूरत होना
कोई नई बात नहीं मेवा, यहाँ जितनी भी
सेवादारिनें हैं सब एक से एक हैं
कई तो इतनी सुन्दर हैं कि वे अपने आगे
हम शहज़ादियों को करती हैं फीका

हालाँकि मुग़ल शहज़ादियों का ख़ूबसूरत होना
वक़्त की मेहरबानी पर है मगर बेगमों और बाँदियों के
हरम में शामिल होने की पहली शर्त
उनकी बला की ख़ूबसूरती है

मुग़ल हरम में अपनी इस ख़ूबी के दम पर
हम उनका आना देखती हैं
कोई ब्याह कर आती हैं
तो कोई ख़रीदकर लाई जाती हैं
तो कोई मिली होती हैं नज़राने में

ख़ूबसूरत औरतों के लिए होने वाली मार-काट
और छीना-झपटी छिपी नहीं किसी से
अफ़ग़ान हों या मुग़ल सब माहिर हैं इसमें

मगर तुम्हारी सुन्दरता मुग़ल बादशाह ही नहीं
मुग़लिया बेगमों और शहज़ादियों के भी

---

* बाबर की बेटी ग़ुलबदन की ख़ूबसूरत सेवादारिनी। माहम बेगम के कहने पर जिसका विवाह हुमायूँ से हुआ।

सिर चढ़कर बोल रही है, बस इस वजह से ही
वे तुम्हें अपने से दूर नहीं होने देतीं
किसी न किसी के पास बने ही रहना होता है तुम्हें

जबकि तुम्हें बस मेरे लिए चुना गया है
पर मेरे लिए ही तुम्हारे पास कितना कम वक़्त है
तुम्हारी ख़ूबसूरती ही ऐसी है मेवा कि तुम्हें
अपनी हाज़िरा बताते भी मुझे झिझक होती है

ऐसा न कहें शहज़ादी साहिबा, बाँदी ही नहीं
बाँदी की सुन्दरता भी आपकी दासी है
मेरे हाथ में होता तो आपकी मुहब्बत के चलते
मैं आपकी सुन्दरता से अपनी ख़ूबसूरती बदल लेती
हालाँकि तब भी घाटे में नहीं रहती मैं
माशाअल्लाह आप मुझसे जरा भी कम नहीं
फिर भी बेवजह मुझ पर मिटी जाती हैं

मेवा यदि तुम हमारी सेवादारिनी न होकर
हम सरीखी एक शहज़ादी होतीं
तो मुग़लिया औरतों में सबसे ख़ूबसूरत होतीं
तुम्हें देख और तुम्हारे बारे में सुनकर
जहाँ भर के बादशाह और शहज़ादों के
मुँह की लार तुम्हारे महल तक आ पहुँचती

सल्तनत की आधी फ़ौज तो तुम्हारी
हिफ़ाज़त में ही लगी रहती
ये भी हो सकता था कि तुम्हारे चाहने वालों से
दो-चार जंगें भी लड़नी पड़तीं मुग़लों को।

परीरुख़सार*

बादशाह हुज़ूर हुक्म दें तो एक प्याला इस्फ़ेहानी
और तैयार करूँ, ज़रूर माबदौलत आज
तुम्हारे हाथों से एक प्याला और पिएँगे
और तुम भी अपने लिए एक प्याला और तैयार करो

गुस्ताख़ी माफ़ आलमपनाह मैं आपके कहने पर
दो प्याले पहले ही पी चुकी हूँ
मालिक-ए-मुल्क की संगत में बाँदी का
पीकर लड़खड़ाना ठीक नहीं होगा, फिर साक़ी साक़ी को
अपनी औक़ात भी नहीं भूलनी चाहिए

ख़ूबसूरती के साथ तुमने दिमाग़ी ख़ूबी भी पाई है
माबदौलत तुम्हारी इस अदा के क़ायल हैं
बनाओ...हम दोनों के ये आख़िरी प्याले होंगे

परीरुख़सार तुमने कभी बहादुरशाह के साथ
शराबनोशी की या वहाँ तुम बस
सुल्तान के लिए ही प्याले भरती रहीं

बादशाह हुज़ूर साक़ियों से ऐसे सवाल नहीं किए जाते
न ही ख़ूबसूरत साक़ियों को ऐसे सवालों के
जवाब देने के फेर में पड़ना चाहिए

---

* गुजरात में सुल्तान बहादुरशाह की साक़ी। बादशाह हुमायूँ ने सुल्तान को परास्त कर जिसे अपनी साक़ी बनाया।

जिस रोज़ आपने अपनी साक़ी होने की इज़्ज़त
बख़्शी मुझे...मैं अपना पिछला सब भूल गई
एक साक़ी की भलाई इसी में है
कि मालिक बदले तो वह ख़ुद को बदल ले

मगर अपनी इस साक़ी पर इतना यक़ीन ज़रूर कीजिएगा
कि मैंने ख़ुद को पीछे ही रखा है अब तक
हुज़ूर बाँदी को हाथ बढ़ाकर अपनी तरफ़ खींच लेंगे
तो बाँदी अपने को रोक नहीं पाएगी

हम साक़ियाँ इसी इन्तज़ार में रिसती रहती हैं
कि कब बादशाह हमें ख़ुद को लुटाने का मौक़ा दें
और हमें अपने आप से या सबके सामने
ये कहने का भी अवसर दें कि कुछ
वक़्त के लिए ही सही बादशाहत हुई हमारी भी

बेगम की हो या बाँदी की एक बादशाह के लिए
औरत की ख़ूबसूरती जितनी अहम होती है
एक ख़ूबसूरत औरत के लिए भी
मर्द की बादशाहत उतनी ही अहमियत रखती है

ख़ाली नहीं, होंठों तक पहुँचने का इन्तज़ार करतीं
भरे हुए प्याले जैसी साक़ियों में से मैं भी एक हूँ

बादशाह हुज़ूर, आपने मेरे ज़ेहन को सराहा
तो अदब भुलाकर आपके आगे सबकी कह सकी मैं।

मनमोहनी*

सिलहदी से सलाहुद्दीन होने को विवश किए गए
राजा रायसीन की तरह यहाँ मुझे भी
मनमोहनी से मेहरुन्निसा होना पड़ सकता है

शान-ए-गुजरात का ख़िताब देने वाले
सुल्तान के आगे मुझे कभी नहीं लगा
वे ऐसा चाहेंगे मगर जब मेरे नृत्य की प्रशंसा में
गुजरात मनमोहनी मनमोहनी कह उठता
लगता जैसे किसी दिन वह मुझे
मेहरुन्निसा मेहरुन्निसा कहना भी चाह सकता है

मैं मेहरुन्निसा हुई तो मुझे मेरे अलावा
कौन धिक्कारेगा, राजा सिलहदी की भर्त्सना के लिए तो
उनकी रानी मौजूद थीं रायसीन महल में

सलाहुद्दीन होकर युद्ध करते हुए मारे गए
राजा की तरह क्या मेहरुन्निसा होकर मैं भी
करते हुए नृत्य दरबार में तोड़ दूँगी दम

मेरे साथ-साथ शान-ए-सुल्तान मंझू** भी
प्राण त्याग देंगे या मुझे बचाने वे भी
धर्म बदल लेंगे अपना और मुझसे कहेंगे
हम कलाकार हैं मनमोहनी

---

* रायसीन के राजा सिलहदी के दरबार में उच्चकोटि की रक़्क़ासा। युद्ध में सिलहदी को मारकर जिसे गुजरात का सुल्तान बहादुरशाह अहमदाबाद ले गया।

** अहमदाबाद में सुल्तान बहादुर शाह के दरबार का श्रेष्ठ गायक।

हमें धर्म बदलने के लिए विवश किया गया है
गुण बदलने के लिए नहीं, गायकी और नृत्य के अलावा
हमारा कोई धर्म नहीं है, क्या हमारा धर्म
मेरी गायकी और तुम्हारे नृत्य से बड़ा है

जब मंझू मुझे इस तरह समझा रहे होंगे
तब मैं कहूँगी मैं सुल्तान के इस सोने के
पिंजरे को तोड़कर उड़ जाना चाहती हूँ

मगर तब मैं उन्हें क्या जवाब दूँगी
जब वे मुझसे कहेंगे, इस पिंजरे की सलाख़ें
मज़बूत और हर कहीं एक सरीखी हैं मनमोहनी
रायसीन में भी यही थीं और यहाँ भी वे ही हैं

रायसीन ने तुम्हारे लिए जो किया वह तुमसे अधिक
अपने लिए किया, नृत्य और गायकी ने भले ही
सबके आगे हमारा सिर उठा रखा हो, मगर
हम अपना सिर सुल्तान के आगे उठा सकें
इतनी इजाज़त नहीं हमें, हमारी क़िस्मत में
तो एक क़ैद से दूसरी क़ैद में जीवन बिताना लिखा है

हमारे द्वारा ठुकराए गए अपने ख़िताबों को
दरबार में पड़े देख सुल्तान के अहंकार को
तलवार में बदलकर मेरे गले
और तुम्हारे पैरों तक पहुँचने में देर नहीं लगेगी।

पद्मावती*

हिन्दुस्तान के बादशाह के हुक्म से
सड़कों पर नचाया जा रहा है मुझे
मेरा नाच दिखाने के लिए मुनादी कराकर
पहले भीड़ जुटाई जाती है, फिर नाचने के लिए
धकेल दिया जाता है मुझे उसके बीच

रुक-रुककर गलियों और चौराहों पर
नाचने को मज़बूर मैं बादशाह के शत्रु राज्य की
रक़्क़ासा नहीं जिसने होकर क्षुब्ध
राज्य की पराजय से अपने
बादशाह के दरबार में नाचने से
कर दिया हो मना और जिसे सज़ा दी गई हो
सड़कों पर नचाए जाने की
मैं रायसीन की राजकुमारी हूँ जिसके पैरों में
बादशाह के हुक्म से घुँघरू बाँध दिए गए हैं

क्या इससे पहले किसी बादशाह ने
किसी राजकुमारी को ऐसी सज़ा दी है
जिसमें दंड से अधिक उसके राज्य का
अपमान किया जाना हो शामिल

---

* चंदेरी और रायसीन के राजा भूपतशाह के नाबालिग बेटे प्रतापशाह के वजीर पूरनमल जिसकी उस समय रायसीन पर हुकूमत थी की बेटी। रायसीन पर शेरशाह के क़िले पर क़ब्ज़े के बाद पूरनमल ने अपनी ख़ास रानी रत्नावती और उसके साथ-साथ और बेगमों तथा शहज़ादियों को मौत के घाट उतार दिया।
शेरशाह ने मुस्लिम फरियादियों को न्याय देने की ख़ातिर पूरनमल की राजकुमारी बेटी और तीन नाबालिग राजकुमारों को सज़ा दी।

राजकुमारियों का बाँदियाँ और हाज़िरा
बनाया जाना तो मैं भी सुनती आई थी
ये भी सुना मैंने कि बादशाह बाबर ने
मेदिनीराय की दोनों बेटियों को
बेटों से ब्याह दिया था अपने

इतना ही नहीं कि बादशाह ने मुझे ही
सड़कों पर नचाए जाने का फ़रमान दिया हो
उन्होंने मेरे दोनों भाइयों को भी
ख़्वाजासरा बनाकर उनके भाग्य में भी
नाचना-गाना लिख दिया है
तब क्या मेरे पिता और उनके मंत्रियों ने
अपने हरम की औरतों को क़त्ल कर ठीक किया

सड़कों पर तमाशा बनाए जाने की जो सज़ा
मुझे मिली है वो उस बादशाह की
सज़ा नहीं लगती जिसके बारे में यह प्रचलित हो
कि उसने आज तक जीत के बाद अपनी
अपने दुश्मन के हरम में क़दम नहीं रखा

मालिक-ए-मुल्क हिन्दुस्तान की सड़कों पर
मुझे नहीं मेरी शक्ल में तुम्हारे न्याय को
नचाया जा रहा है, तुम्हारी दी सज़ा को लोग
अपने बीच थिरकता और न थिरकने पर
भीड़ के बीच पिटता देख रहे हैं

मुझे देने के लिए ऐसी सज़ा चुनकर
तुमने ठीक नहीं किया, यदि सभी ने
अपने दुश्मन की बेटियों को ऐसी सज़ा देनी शुरू कर दी
तो एक भी सल्तनत ऐसी नहीं बचेगी
जिसके मुँह पर कालिख न पुती हो।

लखम बाई*

बादशाह हुमायूँ हिन्दुस्तान के बादशाह का ताज
अपने सिर पर पहनकर, मेरे बेटे को
धोखा देते, तुम्हें हिचक नहीं हुई
तैमूरों को न सही तुमने
हिन्द के ताज को तो इज़्ज़त बख़्शी होती

वह तो तुमसे समझौता कर चुका था
मगर अँधेरे में उसकी हद में कत्लेआम
दग़ाबाज़ी के अलावा कुछ नहीं

धोखेबाज़ बादशाह की जय-जयकार
मुल्क की अवाम कभी दिल से नहीं करती
उसे लगता है तख़्त पर बैठा बादशाह
हमारे साथ भी धोखा कर सकता है
अपने नाम के साथ-साथ वह
मुल्क के नाम को भी डुबा सकता है

जंग के मैदान में आमने-सामने खड़े
बादशाह और सुल्तान के बीच सुलह
सेना के लिए ही नहीं दोनों ओर की
अवाम के लिए भी नेमत की तरह होती है

समझौते-सुलह के चलते सेना
अपने सिरों को सुरक्षित पाती है अवाम के

* गुजरात के सुल्तान मुजफ्फर सानी की राजपूत रानी। सुल्तान बहादुरशाह की माँ। हुमायूँ ने माँडू में बहादुर शाह के साथ दग़ा किया।

चेहरों पर भी लूट की एक और शिकार होने से
बचने की ख़ुशी देखते ही बनती है

असल राहत तो हम माँओं को मिलती है
जो अपने ही बेटों की लाशों को
जंग के मैदान से आता देखती हैं
और बेटा जंग में धोखे से मारा गया हो
तो उसकी तड़प उन्हें भी मार डालती है

जीत पाने के जुनून में बादशाह और सुल्तान को
धोखा सही लगता होगा मगर वह
हारने और जीतने वाले दोनों के लिए
जायज़ नहीं होता, उन दोनों की तारीख़ में वह
हमेशा के लिए कालिख बनकर जुड़ जाता है

मैं माँ ही नहीं एक औरत भी हूँ
और एक औरत से ज़्यादा धोखे को
कौन पहचानता होगा, बादशाह हुमायूँ
हम औरतें अपने बेटों की तरफ़
देख-देखकर सोचती हैं, वह कितनी भी
ऊँचाई चढ़ जाए मगर किसी के साथ दग़ा न करे

जब भी छूटेगा उसकी दग़ा का तीर हम माँओं के
सीने को भी छलनी करके रख देगा।

पवनबाई*

सुनयना, क्या मुझे विष पीकर अपनी जान दे देनी चाहिए
बादशाह ने राजा साहब से मुझे माँग लिया है
और राजा साहब मुझे बादशाह को देने को तैयार नहीं
अपनी वजह से होने वाली कालिंजर की बरबादी
मुझे साफ़-साफ़ दिखाई दे रही है

अच्छा तो ये है कि मैं उससे पहले ही दुनिया छोड़ दूँ
या राजा साहब की आज्ञा के बिना
ख़ुद बादशाह के पास जाकर ख़ुद को सौंप दूँ उन्हें

नहीं बाई हुज़ूर, ऐसा करना अपनी उस कला से
जिसने आपको राजदरबार तक पहुँचा दिया
उससे और अपने उस कलाश्रयी से
जो आपको हिन्दुस्तान के बादशाह को
सौंपने के लिए तैयार नहीं दग़ा करना होगा

नृत्यांगनाओं को अपनी जान अपने नृत्य पर
न्योछावर करनी चाहिए और अपनी ओर से
ऐसा कोई मलाल पेश नहीं करना चाहिए
जिससे उसके आश्रयी की निगाह
ख़ुद के आगे झुक जाए, कालिंजर आपको
मालिक-ए-मुल्क को सौंपने को तैयार नहीं
और आप हैं कि उसके हौसले को तोड़ देना चाहती हैं

---

* कालिंजर के राजा कीरत सिंह की उच्चकोटि की नृत्यांगना जिसे राजा ने बादशाह शेरशाह सूरी को देने से इनकार कर दिया। कांलिजर क़िले पर हमले के दौरान शेरशाह ख़ुद अपने ही बारूद के गोले की चपेट में आकर मारा गया।

मेरी बाई हुज़ूर को राजा साहब ने
अपने सिर पर मुकुट की तरह पहन लिया है
और वह उन्हें हिन्दुस्तान के बादशाह के क़दमों में
रखने को तैयार नहीं, अपनी नृत्यांगना को
दिए जाने वाला कालिंजर का मान
और उसके लिए दाँव पर लगाए जाने वाली
राज्य की जान कोई कम बात नहीं

मगर सुनयना* लोग यह भी तो कहने से नहीं चूकेंगे
कि एक नृत्यांगना के लिए कालिंजर लुट गया
वह चाहती तो उसे बचा सकती थी

बाई हुज़ूर, नृत्यांगना को राज्य बचाने के लिए
तब आगे आना चाहिए जब इसके लिए
राज्य उसकी ओर देख रहा हो और अभी कालिंजर
आपको अपनी इज़्ज़त की तरह देख रहा है

राज्य के बिना चाहे उसकी इज़्ज़त का ख़ुद आगे बढ़कर
ख़ुद को दाँव पर लगा देना बड़ी भूल होगी
और अभी वक़्त भूल करने का नहीं
हिन्दुस्तान के बादशाह को कालिंजर की नृत्यांगना
माँगने की भूल याद दिलाने का है

बाई हुज़ूर, आपको अपने घुँघरू नहीं खोलने चाहिए
क्योंकि कालिंजर अपनी कमर कस रहा है।

---

* पवनबाई की अत्यन्त प्रिय बाँदी।

लाडमलिका*

इससे पहले कि सब खज़ाने के दरवाज़े पर
मेरा कटा हुआ सर लुढ़कता देखते, गौहर**
मुझ तक पैग़ाम पहुँचा शेरशाह का
हालाँकि उससे पहले ही उसकी बहादुरी की चर्चा
पहुँच चुकी थी मेरे कानों तक

पैग़ाम मिलते ही दौलत का जो ढेर
दुश्मन की तरह दिखाई दे रहा था मुझे
अपने दोस्त की तरह देने लगा दिखाई

मैं तो मानने लगी थी फ़तेह*** कि वह दिन
ज़्यादा दूर नहीं, जब मेरे हाथ से
दौलत भी जाएगी और मेरी जान भी

मगर मुझे भी तुम दोनों की तरह
दौलत की पहचान थी और ये भी
कि दौलत से दूर खड़ी औरत की
इस दुनिया में हैसियत नहीं कोई

---

* सुल्तान इब्राहिम लोदी के वफ़ादार। चुनार क़िले के क़िलेदार ताज ख़ाँ सारंगखानी की निशानात विधवा जिससे शेरशाह ने निकाह किया। लाडमलिका से शेरशाह सूरी को 150 क़ीमती हीरे, सात मन मोती 150 मन सोना और ढेरों जड़ाऊ ज़ेवरात मिले।

** गाजीपुर के नसीरख़ान नोहानी की निशानात विधवा जिससे शेरशाह ने निकाह किया। गौहर गुसाईं से शेरशाह को 60 मन सोना मिला।

*** शेरशाह सूरी ने बीबी फतेह मलिका से भी निकाह किया। फतेह मलिका से शेरशाह को 300 मन सोना मिला।

औरत के पास दौलत हो तो वह भी
उसे जब चाहे अपने लिए तलवार
या फिर ढाल में बदल सकती है, जैसे मुझ पर
घात लगाए बैठीं शमशीरों के आगे
शेरशाह की सूरत में ढाल बन गई वह
उसे दौलत चाहिए थी और मुझे ज़िन्दगी

रोपने में भले ही समय न लेता हो
मगर मोहब्बत का पौधा कुछ देर लगाता है
पनपने में, इसके बाद भी मैंने
अपनी दौलत के साथ-साथ
तुम दोनों की तरह ख़ुद को सौंप दिया उसे

और मेरे क़रीब रहकर हर बार वह भी
ख़ुद को हवाले किए रहता मेरे, मगर उसके जीवन में
दौलत लेकर आने वालीं हम तीनों ने
एक-दूसरे के रंग को कर दिया फीका

उसे मुल्क की बादशाहत चाहिए थी
और उसके लिए चाहिए थी दौलत अथाह
जो हम तीनों से उसे मिली भी
उसे बादशाहत भी मिली मुल्क की

मगर बदले में मुझे और तुम्हें बस ज़िन्दगी मिली
एक और बादशाह के हरम की ज़िन्दगी
हम जैसीं कई औरतों के बीच जहाँ
हमारी दौलत और ख़ासियत खोकर रह गई।

बीबीबाई*

तख़्त को तलवार में बदलकर
अपने पर बैठने वाले के
सीने में उतरते देर नहीं लगती

सिर पर सवार ताज
उँगलियों में होकर तब्दील
झपटकर दबोच लेता है
पहनने वाले की गर्दन को

हुआ भी यही जिसे उसने
ख़ून समझकर अपना
बना रहने दिया अपनी रगों में
उसी ने सामने खड़े होकर उसके
उसके उस ख़्वाब के
टुकड़े रख दिए करके
जो अभी रास्ते पर
बढ़ रहा था जवाँ होने की

तख़्त पर बैठे होने के बावजूद
जो माँ की गोद में बैठा
दे रहा था सबको दिखाई

वह गिड़गिड़ाती रही
कि वह उसे इस तख़्त की

* शेरशाह सूरी के बेटे इस्लाम शाह सूरी की पत्नी। जिसके भाई मुबारक ख़ान ने हिन्दुस्तान के तख़्त पर बैठे अपने भांजे फ़िरोज ख़ान के टुकड़े कर दिए।

छाँव से कोसों दूर
चली जाएगी लेकर
और कभी इसके बारे में
सोचेगी भी नहीं

मगर उसने उसके साथ-साथ
उसकी फ़रियाद को भी
रख दिया भँभोड़कर जिसने उसे
बख़्श दिया था कभी समझकर अपना

वह ठीक उसी वक़्त
तख़्त हासिल करने के इतिहास को
भुला बैठी, जब उससे पूछा गया
तुम दोनों में से चुन लो किसी एक को।

हमीदाबानो*

बेगम हुज़ूर, मुबारक आज शहज़ादे अकबर
हिन्दुस्तान के बादशाह हुए, शहज़ादे के सिर पर
मुल्क का ताज देखते ही बनता है
मलिका-ए-मुल्क से मादरे-मुल्क हुईं आप

आपको याद है तब आपने
बेमुल्क बादशाह हुमायूँ की बेगम बनना
कितने दिन बाद मंज़ूर किया था
आपको अपनी बेगम बनाने की बेचैनी
तब बरदाश्त से बाहर थी उनके

बादशाह हुमायूँ की बेगम होने की
गुजारिश ठुकरातीं तब आपने सोचा भी न होगा
कि बेगम होकर यदि आपने बेटा जना
तो वह बादशाह होगा मुल्क का

मुझे सब याद है ख़ुशक़दम**
दिलदार अग़ाचा बेगम ने तब
बादशाह हुमायूँ की बेगम होने के लिए मेरी
कितनी मिन्नतें नहीं की, उन्होंने
अपनी झोली तक फैला दी मेरे आगे
बेगम के मन में हुज़ूर के लिए
अपने बेटे हिन्दाल से ज़्यादा लगाव देखा मैंने

---

* मिर्ज़ा हिन्दाल के शिक्षक अली अकबर जामी उर्फ़ मीरबाबा दोस्त की 15 वर्षीय बेटी जिसका हुमायूँ से विवाह हुआ। अकबर की माँ।

** हमीदाबानो के विवाह में साथ आई प्रिय बाँदी।

मैं भी आख़िर कब तक न झुकती
कब तक मैं बस शिक्षक की बेटी होने की
हक़ीक़त से बँधी रहती, किसी मुल्क के
बादशाह की बेगम होने के लिए
मेरा किसी और मुल्क के बादशाह की
बेटी होना नहीं, मेरा बस औरत होना ज़रूरी है
मेरे इस अहसास ने मेरी न को
मेरी हाँ में बदलने में मेरा साथ दिया

मैंने आपकी इस हिम्मत की हमेशा दाद दी है
बेगम साहिबा बादशाह हुमायूँ की
बेगम होने का फ़ैसला आपने अपने भीतर की
मज़बूती और आवाज़ के दम पर
ऐसे वक़्त में लिया जब बादशाह का
कोई मुल्क न था और वे दर-दर भटक रहे थे
उनके ऐसे ख़राब वक़्त से साथ चलकर
दोबारा बादशाह होने तक
एक आप ही थीं जो उनके साथ रहीं

हाँ, ख़ुशक़दम अपनी बेगम बनाने के बाद
बादशाह हुज़ूर ने भी मुझे हरम में नहीं
अपने दिल में रखा वे कहते भी थे मुझसे
बेगम तुम मिल गई हो तो मुझे फिर से
मेरा मुल्क भी मिल जाएगा, तुम्हारी तरह
वह भी देर कर रहा है मेरा होने में।

गुलनूर*

मालिक-ए-मुल्क मेरे हुनर की क़द्र करेंगे
और मुझे शान-ए-हिन्दुस्तान के
ख़िताब से नवाज़ेंगे मैंने कभी सोचा भी न था

रक़्क़ासा रहते मुझे लगता ज़रूर था
कि मेरा हुनर हिन्दुस्तान के बादशाह के दरबार में
जगह बनाने की हैसियत रखता है
मगर इस ख़्वाब के बारे में किसी को
बताने का मतलब क़ैद या क़त्ल होता

भाद्रा महल से ख़िताब पाने में नाकामयाब
तू इतनी ऊँची उड़ान कैसे भर सकती है
मैं ख़ुद से पूछती, तो ख़ुद से ये कहकर हँस देती
कि तुम देखती जाओ एक दिन ऐसा आएगा ज़रूर

मेरा ख़्वाब पूरा करने के लिए
सुल्तान हिन्दुस्तान के बादशाह होंगे
और अपना दरबार सजाएँगे मुझसे
और ऐसा नहीं हुआ तो मुल्क के बादशाह
ख़ुद यहाँ से लेकर जाएँगे मुझे

गुजरात जानता था कि सुल्तान
हिन्दुस्तान की बादशाहत का ख़्वाब देखते हैं

---

* गुजरात में सुल्तान बहादुरशाह के हाकिम इमादुल मुल्क की उच्चकोटि की रक़्क़ासा। जंग में बहादुरशाह को परास्त और माँडू तथा चम्पानेर को बुरी तरह बरबाद कर जिसे बादशाह हुमायूँ ने अपने दरबार में शामिल किया।

और गुजरात में बस अकेली मैं जानती थी
कि मैं भी वहाँ पहुँचने की सोच रखती हूँ

बादशाह होने के लिए सुल्तान
करते जा रहे थे क़िले पर क़िले फ़तह
पैरों में थिरकनें भरती जा रही थी मैं भी

मगर गुजरात की बरबादी की क़ीमत पर
अपना सपना पूरा करने का
कभी नहीं सोचा था मैंने पर सुल्तान की
चाहत के रास्ते में बरबादी बिछी थी

हुआ भी वही गुजरात की लूट में
मेरा लुटना भी हुआ शामिल
मगर मेरी क़िस्मत में यह भी हुआ दर्ज
कि हिन्दुस्तान की शान बनी मैं

काश जिस तरह मुल्क की बादशाहत का
हिस्सा बनी मैं उस तरह बिना घायल हुए
मुल्क का मालिक बना होता गुजरात
मुल्क की सल्तनत हुई होती उसे हासिल।

चन्द्रमुखी*

चन्द्रमुखी, बादशाह हुज़ूर के जंगबाज़ों का
तुम पर इल्ज़ाम है कि जंग में बदल चुकी सुलह
अब तुम्हारी वजह से टल रही है

जंग के लिए बढ़े बादशाह जंग भूलकर
तुम्हारे जिस्म में टहल रहे हैं
कहीं बीच मैदान में लड़ने तैयार खड़ी फ़ौज पर
तुम्हारा हुस्न भारी न पड़ जाए

इतना ही नहीं तुम्हारी सुन्दरता ने
मेरी उस ख़ूबसूरती को भी जो बादशाह तक
सच पहुँचाने में कामयाब हो जाती थी
उनकी ख़्वाबगाह से बाहर धकेल दिया है

नहीं, परीरुख़सार, मुझे भी सबकी तरह
जंग शुरू होने का बेसब्री भरा इन्तज़ार है,
शेरख़ाँ की मौत देखने की मेरी हसरत
बिना जंग के पूरी नहीं हो सकती ये मैं भी जानती हूँ
मैं अपने कुनबे के क़त्ल को भी भूली नहीं हूँ

ऐसी कोई मुलाक़ात नहीं जिसमें मैंने
बादशाह हुज़ूर से जंग की शुरुआत के बारे में
जानना न चाहा हो मगर कुछ बताने की जगह

---

* राजा महारथ की बेटी जिनके पूरे ख़ानदान का शेरशाह ने क़त्ल करवाया। जिसे गोंड के क़िले में हुमायूँ के आगे पेश किया गया।

आलमपनाह ने मुझसे हर बार
शराब से अपना प्याला भरने को कह दिया है

मैंने कभी नहीं चाहा कि बादशाह के साथ
मेरी क़रीबी तुम्हारी नज़दीकी को ख़त्म कर दे
मुझे तो हुज़ूर ने ही ख़ुद हाथ बढ़ाकर
अपने क़रीब खींच लिया, अब उनकी
इच्छा के बिना उनके पहलू से उठ पाना
आसान नहीं मेरे लिए, बादशाह के आग़ोश को
तो उनकी कोई बेगम भी अपनी मर्ज़ी से नहीं छोड़ सकती

उस रोज़ की तुम्हारी उदासी मेरी आँखों में
अब भी दर्ज है जिस दिन तुमने
बादशाह हुज़ूर के सामने पेश किया था मुझे,

मैं उन औरतों में नहीं जो अपनी सरीखी औरतों को
सीढ़ियाँ बनाकर ऊपर चढ़ जाती हैं, वक़्त आने पर
मैं तुम्हारे लिए रास्ता बन जाने में नहीं हिचकूँगी

हाँ, बादशाह ज़रूर किसी और के लिए कभी भी
हम दोनों को अपनी ख़्वाबगाह से बाहर कर सकते हैं

परीरुख़सार, मेरे लिए बादशाह की क़रीबी से अधिक
जंग में उनकी जीत मायने रखती है, मगर जंगबाज़
जिस बादशाह की ओर से जंग शुरू करने के
होने वाले ऐलान की राह देख रहे हैं उस बादशाह ने तो
अपने हथियार मुझ पर न्योछावर कर रखे हैं।

हाज़ी बेगम*

हुमायूँ के इस तरह दुनिया छोड़कर चल देने को
क़ुबूल नहीं कर सकी वह

पुराने क़िले की उस हैसियत से जिससे गिरकर
दम तोड़ा बादशाह ने उससे दुश्मनी बाँध ली उसने

वह अक्सर उसे ढहा देने की सोचती
ख़्वाब में कई बार वह ख़ुद को
उसके नीचे दबा हुआ देखती,
घबराकर उसकी नींद खुलती
तो वह लथपथ पाती ख़ुद को पसीने में

जब उस हत्यारी मौजूदगी ने उसका
पीछा नहीं छोड़ा तो उसने
उसे चुनौती देने की ठानी
उसने सबसे कहा इसे हराने
जन्नतनशीं बादशाह का
इससे बढ़कर मक़बरा बनवाएगी वह

और वह उसे बस अपने ख़र्च पर देखेगी बनता
इसके लिए वह कंगाल भी हो जाए तो डर नहीं कोई

जैसे-जैसे मक़बरा बनकर होता गया खड़ा
वह हत्यारी मौजूदगी कम होती गई निगाह में उसकी

---

* हुमायूँ की दूसरी पत्नी जिसने अपने ख़र्च पर उसका मक़बरा बनवाया।

एक समय ऐसा भी आया कि वह उसके आगे
दिखाई देने लगी एकदम बौनी

उससे उसकी नफ़रत भी होती गई कम
अब तो जब भी वह उसके आगे से गुज़रती
उसे ऐसा लगता जैसे वह उससे
माफ़ कर देने को कह रही है

एक दिन पास से गुज़रते हुए उसके
उसने उससे कहा जिस रोज़
मेरे शौहर का मक़बरा पूरा होगा
उसकी मौत के ज़ुर्म से भी मुक्त हो जाओगी तुम।

अक़ीक़ बेगम*

ये मैं भी नहीं जानती कि मैं कहाँ हूँ
मैं ज़िन्दा हूँ या मारी गई, कोई मुझे उठाकर ले गया
या मैं भी बचकर कहीं जा छिपी

जंग में मेरे खोने का अब बस इतना मतलब है
कि मैं एक गुम हो चुकी शहज़ादी हूँ

सबके साथ-साथ मैंने भी मान लिया
कि मैं हमेशा के लिए खो चुकी हूँ
और मेरे मिलने की कोई उम्मीद नहीं अब

मैं भी अपने बारे में यही सोचती हूँ
कि जंग में दुश्मन के हाथ लगने की जगह
तो अच्छा है कि मेरा क़त्ल कर दिया गया हो

यदि मैं किसी की क़ैद में ज़िन्दा हूँ
और हिन्दुस्तान के बादशाह को मेरे बारे में
पता चले तो वह मुझे वापस लेने की
पूरी कोशिश करेंगे ऐसा मेरा भी मानना है
आख़िर मैं लाडली बेटी हूँ उनकी

मगर ऐसा तो तभी हो सकता है जब मेरे कहीं
होने के बारे में पता चले उन्हें
उन्हें क्या अभी तो मुझे भी पता नहीं
कि मैं कहीं हूँ भी या नहीं और हूँ भी तो कहाँ हूँ

---

* चौसा की जंग में खोई बादशाह हुमायूँ और बैगा बेगम की आठ साल की बेटी।

मैं नहीं जानती कि मुझे खोजने की
कितनी कोशिश की गई, जंग थम जाने के बाद
क्या दुश्मन के पास एलची भेजकर पूछा गया
मेरे बारे में मुझे कुछ पता नहीं

बादशाह की हुक्मउदूली करते हुए यदि कोई
छुपाये बैठा मुझे चुप रह गया हो ये जानकर
एक मुग़ल शहज़ादी क़ब्ज़े में मेरे
डर कर घोंट दिया हो उसने मेरा गला
और गाड़ दिया हो वहीं ज़मीन में
या कोई निकल गया हो मुझे लेकर दूर

मुझे लेकर अब सबके पास कोई न कोई अनुमान
मेरे पास भी बस एक अनुमान अपने होने का

मगर इसका मतलब यह नहीं कि मैं
किसी को कहीं मिलूँगी नहीं, मैं ख़ुद के साथ-साथ
सबको तारीख़ में मिलूँगी, सब वहाँ आकर
मुझसे मिल सकते हैं, मैं वहाँ सबको ख़ुद के पास बैठी
और मिलने आने वालों से बात करती मिलूँगी

सच तो ये है कि खोई हुई औरतों से भरी पड़ी
तारीख़ ने मुझे भी अपने में दर्ज कर लिया है।

गुलबदन बेगम*

ये मैं जानती हूँ कल जो मेरी लिखी तवारीख़ पढ़ेंगे
वे यह ज़रूर कहेंगे कि मैंने बादशाह
और शहज़ादों के हौसले और हिम्मत पर तो लिखा
मगर उनकी ऐयाशियों और बर्बरताओं को छोड़ दिया

कहेंगे जब मैं तवारीख़ लिख रही थी
तब मैं मुग़ल शहज़ादी नहीं एक लेखिका थी
और उस वक़्त मेरा लेखिका होना
मेरे शहज़ादी होने से मात खा गया

मैंने भुला दिया कि चलते वक़्त
तलवार भले ही ठिठक जाती हो मगर क़लम की धार
अपनी ओर से कोई चूक नहीं करती
चाहे दुश्मन की हो या दोस्त की
उसके लिए सभी शख़्सियतें एक सी होती हैं

तलवार का मज़हब आँख मूँदकर चलना होता है
तो क़लम का धर्म आँख खोलकर लिखना
फिर मेरी क़लम मुग़लिया मरदों की
ख़्वाबगाहों के पर्दे कैसे नहीं उठा सकी

उन मुग़लिया बेगमों की साज़िशों से
जो काँटों में बदलकर पूरी सल्तनत को चुभने लगते
मैं उनसे अपने दामन को बचाए रही
तो वे क़लम की नोक में नहीं बदल सके

---

* दिलदार अग़ाचा बेगम से जन्मी बाबर की बेटी। जिसने हुमायूँनामा लिखा।

तख़्त हासिल करने की राह में
भाई के हाथों भाई के क़त्ल को बर्बरता
न लिखना बुराई से डरना ही हुआ
तवारीख़ लिखती शहज़ादी सल्तनत से डर गई
तो सल्तनत को लेकर उसकी सोच भी
सामने नहीं आ सकी सबके

काश मैं मुग़ल बेगमों और शहज़ादियों के
जीवन में पसरे अँधेरे और बादशाह और शहज़ादों के
हाथों में लगे ख़ून के धब्बों पर भी लिखती

मैं लिखती कि मुग़लों के पेट और ख़ज़ाने भरे
और अवाम के पेट और घर ख़ाली रहे
लिखती कि तोड़ना नहीं जोड़ना ज़रूरी था
कुचलना नहीं उगने देना बेहतर होता

अपने रंग में सब रंग देने की इच्छा में ख़ूबसूरती नहीं
सबको अपने-अपने रंग में रँगे रहने देना ही ख़ास होता है

तवारीख़ किसी को नहीं छोड़ती, मैंने छोड़ा
तो उसने मुझे भी लेखिका की जगह
शहज़ादी साबित करने में कोई कसर नहीं छोड़ी।

माहम अन्गा*

मैं जानती थी कि मैं उसकी माँ नहीं हूँ
मगर मैं यह भी जानती थी कि मैं एक माँ हूँ
और इसी वक़्त मेरा उसकी माँ होना नहीं
बस मेरा एक माँ होना ज़रूरी है

नहीं कामरान, मैं तुम्हें ऐसा नहीं करने दूँगी
कहते हुए जब मैंने अकबर को
क़िले की दीवार से खींच लिया
वह देखता रह गया मुझे

सबको लगा वह मेरी गोद से छीनकर
एक बार फिर से तोप के गोलों के आगे
बिठा देगा उसे और अपनी तलवार से
गर्दन उड़ाकर रख देगा मेरी
मगर ऐसा कुछ नहीं कर सका वह

उसने कहा भी हुमायूँ की तोपों के आगे से
अकबर को उठाकर माहम अन्गा ने
मेरी क़िस्मत में शिकस्त लिख दी

कंदहार के हरम से चलकर
अकबर के महल तक पहुँची क्या थी मैं
बस एक धाय के, मगर अकबर
हमेशा मुझे मेरा माँ होना याद दिलाता रहा

---

* कंदहार में अकबर की धाय। उम्र के आख़िरी में जाकर जिस पर अपने बेटे को बचाने के लिए बाजबहादुर की दो रूपवतियों को ज़हर देकर मारने का इल्ज़ाम आया।

मुझे कभी उसे अपने दूध की दुहाई
नहीं पड़ी देनी, बादशाह होकर भी
वह हमेशा बेटा ही बना रहा मेरा

यहाँ तक कि शहंशाह होकर उसका
क़रीब आकर बैठना मेरे
और मुझसे बातें करना जमाने भर की
कई दफ़ा मुझे संकोच से भर देता

कंदहार से आगरा तक मैं बस अपने
माँ होने में ही रही खोयी
अकबर के यह कहने के बाद भी
कि मेरी साँसें तुम्हारी वजह से
चल रही हैं माहम
मैंने माँ से बढ़कर होने की
कभी कोशिश नहीं की।

सुल्तान बेगम*

तलवार देखकर अकबर सहम जाता
उसे डरते देख सुल्तान बेगम
ख़ुद से कहती, मगर तुम्हारा कल तो
इसी से बँधा है अकबर

एक समय ऐसा भी आएगा
कि तुम इसे हाथ में लिये बिना
एक क़दम भी नहीं बढ़ोगे
एक ही जगह काठ के घोड़े को
जमकर दौड़ाने वाले तुम
जंग के लिए ज़रूरी पक्की नस्ल के
घोड़े को पहचान लिया करोगे एक नज़र में

तब तुम्हें कबूतरों से अपनी मुहब्बत पर
हँसी आएगी सोच-सोचकर
जब तुम बिगड़ैल हाथियों को
साध लिया करोगे ख़ुद आगे बढ़कर

मगर जब तुम मेरे हाथ से
खाते हुए दूध-रोटी मुझसे कहते हो
कि इनसे कहो ये मैदान ख़ाली करें जंग से
मैं इनमें दोस्तों के साथ दौड़ना चाहता हूँ

---

* हुमायूँ के भाई असकरी की पत्नी जिसने शिशु एवं बाल अकबर से अच्छा व्यवहार किया। शिशु अकबर में जो भविष्य का बादशाह देखती थी।

मुझे लगता एक तुम ही होगे
जो लाँघ जाओगे इस जंग को
इस जंग को तुम लड़ोगे तो बहुत
मगर सदा के लिए बस जंग में ही
नहीं बिंधा रहने दोगे ख़ुद को

तुम जिस किताब की चिंदी कर
उड़ा रहे हो हवा में
कल सब जानने की कोशिश में
इसे खँगाल डालोगे पूरी तरह से
तुम ऐसे बादशाह होगे
जैसा हुआ न होगा मुग़लों में कोई

हमीदा बानो* की इस बात का मेरे पास
कोई जवाब नहीं कि तुम्हें देखकर
मुझे ऐसा क्यों लगता है
मगर ऐसा होगा इसका पक्का यकीं है मुझे।

---

* अकबर की माँ

रोक़य्या बेगम*

बेगम हुज़ूर आप मरहूम शहज़ादे हिन्दाल की बेटी
और बादशाह अकबर की बेगम हैं
मगर मैं बादशाह हुज़ूर का
सबसे ज़्यादा इन्तज़ार आपको ही करते देखती हूँ

आपकी यह हालत मुझसे बर्दाश्त नहीं होती
और आप अपने मुँह से कुछ नहीं कहतीं
मलिका-ए-मुल्क होने का हक़
आपका भी होता है कोई कमी भी नहीं
कि ताज से आपको दूर रखा जाए

बादशाह हुज़ूर की ये हिन्दू बेगमें
आप बेगमों के सब हक़ छीनती जा रही हैं
हरम में बढ़ती जा रही उनकी गिनती
आपको बेगमों की गिनती से ही बाहर न कर दे

वहीदा**...तुम हमारी इतनी फ़िक्र क्यों करती हो
हम बादशाह हुज़ूर की बेगम होकर ही ख़ुश हैं
मलिका-ए-मुल्क का ख़िताब
हमारे सब्र और सुकून से बड़ा नहीं
हरम में हिन्दू बेगमों की हालत भी हम जैसी ही है

इन्तज़ार उनके भी महल की देहरी पर बैठा
बादशाह हुज़ूर का रास्ता ताकता रहता है

---

* हुमायूँ के भाई हिन्दाल की बेटी जिसका अकबर से विवाह हुआ।
** रोक़य्या बेगम की ख़ास हाज़िरा।

मालिक-ए-मुल्क की बेगमें होने से पहले
क्या इन हिन्दू राजकुमारियों के राजा पिताओं को
हरम की अन्दरूनी जानकारी नहीं थी
कि हरम बेगमों, राजकुमारियों
और शहज़ादियों के ख़्वाबों की क़त्लग़ाह है

मुग़ल हो या राजपूत दोनों ही
हम औरतों के बारे में कितना कम जानते हैं
तराज़ू के एक पलड़े में पोशाकें और पकवान
और दूसरे पलड़े में हमें बिठाकर
तौलने में कोई हिचक नहीं होती इन्हें

मुग़लिया सल्तनत में यदि औरत एक ज़ुबान है
तो उसका तर्जुमा कोख और उससे
पैदा होने वाली औलादों में ही होता है
मुग़लिया होने से कोई औरत
अपने औरत होने की हद नहीं लाँघ जाती
रहना उसे औरत होकर ही होता है

राजपूतानियाँ हों या मुग़लानियाँ
बेगमें हों या शहज़ादियाँ वे सब मेरी
और तुम्हारी तरह औरतें हैं
सबका इन्तज़ार और प्यास एक सी है

मुझे दुख है वहीदा कि मेरे द्वारा
किये जाने वाला बादशाह हुज़ूर का इन्तज़ार
मेरे साथ-साथ तुम्हें भी डसता है।

अफ़रोज़ बेगम*

हिन्दुस्तान के बादशाह की तख़्त शान बढ़ाता है
तलवार शान बढ़ाती है...ताज शान बढ़ाता है
क्या बादशाह का दूसरे की बेगम छीन लेना भी शान बढ़ाता है
वह भी तब जब वह अपने शौहर की मुहब्बत पर
ख़ुद को क़ुरबान करने का हौसला रखती हो

वह अपने शौहर से कहती भी हो तुम्हारे अलावा
मुझे कोई आँख उठाकर देखेगा
तो तुमसे पहले मैं उसकी आँखें नोच लूँगी
तुम्हारी शमशीर से पहले मेरा ख़ंजर
मुझ पर बुरी नज़र रख़ने वाले के गला को चाक कर देगा

पर उसकी हिम्मत उस वक़्त जाती रही जब उसके
शौहर ने झुकते हुए उसके आगे उससे अपनी
और अपने अब्बा हुज़ूर की जान की अमान माँगी

जो उसके अपनी जान लेने से नहीं
अपनी जान ख़ुद बादशाह हुज़ूर के क़दमों में
बिछा देने से हो सकती थी हासिल

अफ़रोज़ हमें अफ़सोस है तुम्हें हासिल करने का
हमारे पास इसके अलावा और कोई रास्ता न था
कि हम तुम्हें तुम्हारे शौहर से छीन लें

---

* शेख़ बूढ़ा के बेटे की बेगम जिसे तलाक़ दिलवाकर अकबर ने हासिल किया। अवाम ने इसका बुरा माना और अकबर के क़ाफ़िले पर छिपकर पथराव किया। शेख़ बूढ़ा धार्मिक व्यवस्था में एक बड़ी ओहदेदार और सम्मानित पदवी पर आसीन व्यक्ति होता था।

वह समझदार था कि उसने तुम्हें हमें सौंप दिया
और उससे भी ज़्यादा दानिशमंद तुम
कि बिना हुज्जत के हमारी हो गईं

एक बादशाह के पास इतना सब्र होता भी नहीं
कि वह तुम्हारे जैसी हसीन औरत को
अपने हरम से बाहर रहने दे

बादशाह का हरम जितना ब्याह कर लाई
औरतों से रौशन होता है उससे ज़्यादा
वह लूट और छीन कर लाईं औरतों से जगमगाता है

अब तुम्हारी ख़ूबसूरती हमारी है
और हमारी बादशाहत तुम्हारी

हुज़ूर अब हम आपके आग़ोश में हैं
और जिससे आपने हमें हासिल किया है
वह भी हमें अपनी बाँहों के
घेरे से बाहर नहीं निकलने देता था
अपनी मुहब्बत से हम उसे मार डालते थे

मगर हुज़ूर की चाहत ने तो हमें ही मार दिया
अब यह हुज़ूर की मुहब्बत पर है
कि वह हमें किस तरह ज़िन्दा रख पाती है
और हमें कैसे हासिल कर पाती है बादशाह हुज़ूर ने अभी
मुझ औरत की मुहब्बत को नहीं
एक औरत को हासिल किया है।

सलीमा बेगम*

मुल्क ने बस मेरा एक हरम से दूसरे हरम में जाना देखा
मुल्क यह नहीं देख सका कि किस तरह
अपने सोग को सहमति में बदल सकी मैं

मुल्क से आवाज़ आई कि क़िस्मत वाली मैं
कि मुझे अपनी ब्याहता बनाया बादशाह ने
कि मेरी उम्र कच्ची...हिफ़ाज़त ज़रूरी मेरी
जिसे कर पाना सम्भव बादशाहत के लिए बस

करामत...करामत...करामत बादशाह की
कि बादशाह हुज़ूर की जय जय
कि जय जय बादशाह हुज़ूर के न्याय की

मगर मैं तो अब तक अपने शौहर को आँख भर
देख भी न सकी थी कि चेहरा बदल गया उसका
कल जो वज़ीर था वह बदल गया बादशाह में

मैं किससे कहूँ कि मेरे लिए लिखी उसकी
एक नज़्म अब भी मुझे याद ठीक-ठीक
जिसमें मुझे दी उसने उपमा उस रौशनी की
जिसमें पूरी रात चमकता चाँद मगर मेरी क़िस्मत ने
मुझे बादशाह की कलग़ी में टाँक दिया लाकर

---

* अकबर के वज़ीर बैरम ख़ाँ की पत्नी। अच्छी कवियत्री। अकबर की चचा जात बहन। जिससे बैरम की हत्या के बाद अकबर ने विवाह रचाया। जिसे सबने वैभवपूर्ण जीवन जीते देखा। जो अकबर से अधिक ज़िन्दा रही। अर्ब्दुररहीम ख़ानख़ाना की माँ।

एक बार बादशाह हुज़ूर ने पूछा मुझसे
बेगम अब बैरम तो याद नहीं आता तुम्हें
मैंने मन-ही-मन कहा, हुज़ूर आपको भी नहीं भूल सकूँगी मैं
औरत मर्द के दिल में जाकर रहने लगती है
और मर्द बस उसके जिस्म में ही भटकता रहता है

जिसे ख़ुद अपने हाथों खड़ा किया हो वह आशियाना
कौन चाहता होगा बदलना, मगर आँधी
उसे भी उजाड़ देती है आपने मुझे
बसा ज़रूर दिया, मगर मेरे भीतर की
उथल-पुथल को सँवारने की कोशिश नहीं की कभी

आपकी अनेक बेगमों में से मैं भी एक बेगम हूँ बस
आपकी हरम की एक और चमक...मगर
मैं दमक तभी पाती हूँ जब आप मेरे क़रीब होते हो

मैं ही क्या हम सभी ईरानी, इस्फ़हानी, हिन्दुस्तानी
बेगमों का आपके हरम और बादशाहत में यही हाल है
मुझ सरीखी अनेक औरतों से जिनमें से कइयों की
ख़ूबसूरती अब सड़ने लगी है आपका हरम भरा पड़ा है।

रतन बाई*

अम्मीजान आप कहती हैं न कि आपने
आज तक हमसे कुछ नहीं छिपाया तो हमें बताओ
जब राजा बीरबल पहली और आख़िरी बार
आगरा में आपका नाच देखने आए और उसके बाद
उन्होंने अकेले में देर तक बात की आपसे
उस वक़्त उन्होंने आपसे क्या-क्या कहा

क्या उन्होंने आपसे ये कहा कि आप
वाक़ई में बेहद ख़ूबसूरत हैं, जिस दिन से
हमने आपके बारे में सुना है हम उस रोज़ से
आपसे मिलने को बेचैन हैं
आज जाकर साध पूरी हुई है हमारी

या वे बोले आप बहुत अच्छा रक़्स करती हैं
नाचते वक़्त आपके पैरों में बिजलियाँ
कैसे भर उठती हैं, हमें लगता है
कुछ नये रक़्स तो आपने ख़ुद तैयार किए हैं

या उन्होंने सीधे ही कह दिया
हम आप पर मर मिटे हैं रतनबाई
बताओ अब हम क्या करें, क्या तुम
हमारी बनकर रहना पसन्द करोगी

दिलपसन्द..दिलफ़रोश..दिलफ़रोज़ और दिलफ़रेब**

---

* एक नाचने वाली, आगरा में राजा बीरबल जिससे मिलने गए।

** दिलपसन्द...दिलफ़रोश...दिलफ़रोज़ और दिलफ़रेब : रतनबाई की शागिर्द रक़्क़ासाएँ।

मुझे याद नहीं कि बस एक बार हमारे पास आकर
सल्तनत में उपहास का पात्र बनने
और इस वजह से आगरा छोड़कर
अपनी जागीर पर जाकर रहने लगे
राजा बीरबल ने मुझसे क्या कहा

मगर यदि उन्होंने मुझसे ऐसा कहा होगा
तो मैंने उन्हें क्या जवाब दिया होगा
ये मैं तुम चारों को ज़रूर बता सकती हूँ

मैंने जवाब दिया होगा राजा साहब
हम रक़्क़ासाएँ नाच देखने वालों को
कुछ ज़्यादा ही ख़ूबसूरत नज़र आती हैं
और आपकी तरह सब हमसे यही कहते हैं

जहाँ तक अच्छा नाचने और नाच में
कुछ नया ईजाद करने का सवाल है, तो नाच
हमारी ज़िन्दगी है राजा साहब

कुछ नया नहीं करेंगी तो पेट कैसे भरेंगी
हमारे पैरों में बिजलियाँ, हमारा नाच
देखने आने वालों की तारीफ़ें भरती हैं

बस आपकी होकर रहने की गुज़ारिश ठीक नहीं
हम बस अपनी हुनर की होकर रहना चाहती हैं
राजा साहब हमारे हुनर पर
मर मिटना ही हम पर मर मिटना है

आपने हमें इतना मान दिया बदले में हम भी
अपनी तरफ़ से आपके मान में कोई कमी नहीं आने देंगी
मगर ध्यान दीजिए राजा साहब आपका दिया ये मान
कहीं आप पर ही भारी न पड़ जाए।

तानी*

मुझे यक़ीन दिलाने के लिए आप मुझसे कितनी
मुहब्बत करते हैं, आपने अपना ख़ुदा बदल लिया

मैंने आपके आगे ऐसी कोई शर्त भी नहीं रखी थी
और हमारे बीच मज़हब को लेकर तक़रार भी नहीं हुई कभी,

हम आपके लिए कुछ भी कर सकते हैं तानी
आपके कहने का ये मतलब तो मैं
समझ ही नहीं सकी कि आप
मेरे लिए अपना ईश्वर ही बदल लेंगे

अल्लाह आपने बदल लिया है उस्ताद
इसके लिए लोग कुसूरवार मुझे ठहराएँगे
कहेंगे ज़रूर ऐसा करने की मैंने ज़िद की होगी
अब मैं लोगों को कैसे यक़ीन दिलाऊँगी कि आपने
मेरे चाहने पर देवता नहीं बदला

बादशाह अकबर के नवरत्न का मेरी ख़ातिर
अपनी सूरत बदल लेना लोगों के लिए
दिल्लगी बन गया है, चर्चा है कि मेरे कहने पर
आप धर्म तो क्या दरबार भी छोड़ देते

जिसने बादशाह के कहने पर अपना बाना नहीं त्यागा
उसने मुहब्बत के लिए चोला बदल लिया

---

* तानसेन की मुस्लिम महबूबा। कहा जाता है जिसके लिए उन्होंने इस्लाम क़बूल किया।

तानसेन और तानी दोनों की पूजा-नमाज़
तो गायकी है, एक-दूसरे का होने के लिए
जिसे बदलने की कोई ज़रूरत नहीं उन्हें,
मुग़लिया क़ानून* भी आड़े नहीं आता जिसके

सच तो यह हुज़ूर आपने मेरी ख़ातिर नहीं
अपना सच अपने लिए बदला है,
आपने ईमान बदलकर ख़ुद को
यह दिखलाया है कि आप
मुहब्बत के लिए सब छोड़ सकते हैं

उस मुहब्बत की ख़ातिर जो इसी तरह प्रेमियों से
अपना घर, देश और शर्म छुड़वा देती है

मगर मैं सोचती हूँ यदि मेरे लिए आपसे
अपनी गायकी और मुझमें से एक को
चुनने के लिए कहा जाता तब आप क्या करते।

---

* जिसके चलते कोई हिन्दू किसी मुस्लिम महिला से शादी करता है तो उसे इस्लाम स्वीकार करना पड़ता।

जनाह बेगम*

शहज़ादे हुज़ूर ये भूल रहे हैं कि वे
बादशाह अकबर के बेटे...अब्दुर्रहीम ख़ानख़ाना के दामाद
और मुझ नाचीज़ के शौहर हैं

क्या उन्हें याद है कि उन्होंने
बेहतर तालीम हासिल की है और एक समय
किताबों से उनका गहरा दोस्ताना रहा है

फिर उनके क़ुतुबखाने और दानिशमंदी के बीच
इतनी शराब और ये अनगिनत रक़्क़ासाएँ
कहाँ से आ गईं, कि उनकी बारागाह से
अब घुँघरुओं की आवाज़ें ही सुनाई देती हैं

उनके पास सलाहकारों से ज़्यादा
शराब से भरी सुराहियों का आना देखा जाता है
क्या आपको याद है कि आप पिछली दफ़ा कब
क़ुतुबखाने की सीढ़ियाँ चढ़े थे

क्या ये शर्मसार करने वाला नहीं कि अवाम
दबी ज़ुबाँ शहज़ादे को शराबज़ादा कहने लगे

बादशाह और शहज़ादे ऐसे ही होते हैं
जब मैं किसी ज़ुबान से यह सुनती हूँ
तड़पकर रह जाती हूँ...सोचती हूँ

* अकबर के बेटे दानियाल को ब्याही अब्दुर्रहीम ख़ानख़ाना की समझदार और धर्मपरायण बेटी।

पर आप क्यों सब जैसे हैं
आप मेरी चाहत जैसे क्यों नहीं हैं
क्या सबसे बेहतर होना बुरा है
या सबकी तरह बदतर होते जाना अच्छा है

वो यक़ीन जिसे सौंपते हुए एक दिन
आपने कहा था मुझसे...तुम इतनी अच्छी हो
तो तुम्हारे...मुग़लिया सल्तनत, अवाम
और अपने लिए और भी बेहतर होना है मुझे
मगर मेरे पास बस अब आपका कहा
भूलने को विवश करती उदासी है

मुझे नहीं लगता कि मुग़लिया बेगमें
सब चुपचाप सह लेती हैं...जैसे मैं कह रही हूँ
वे भी कहने से नहीं चूकती होंगीं

सल्तनत की रगों में बहती शराब
बादशाह और शहज़ादों के गले दबोचे बिना
और वे उसे गले से लगाए बिना नहीं मानते

शहज़ादे हुज़ूर शराब से भरी
सुराहियों की दुनिया से बाहर निकलकर
अपनी इल्म की दुनिया को सँवारिए
आइए हम दोनों अपने हाथों से
आपका धूल खाता क़ुतुबखाना बुहारते हैं।

ख़ानम सुल्तान बेगम*

आरामबानू*, अब्बा हुज़ूर की दीन-ए-इलाही मजलिस में
एक भी औरत नहीं, क्या ये मज़हब
और उसकी मजलिस बस मर्दों के लिए है

लगता तो यही है ख़ानम बाजी फिर हम तीनों तो
शहज़ादियाँ हैं उसमें तो उनकी कोई दानिशवर बेगम तक नहीं

शकरुन्निसा*, तुम तो दिन-रात किताबों में
खोई रहती हो, अब्बा हुज़ूर भी तुम्हारी
दीनदारी और दानिशमंदी के क़ायल हैं वे तुम्हें तो
दीन-ए-इलाही मजलिस में शामिल कर सकते थे

तुम जहाँ भर की औरतों की तरफ़ से
ये बात वहाँ भी कह सकती थीं, मर्दों
दुनिया के सभी मज़हबों में औरतों की हालत
ख़राब है, आपको चाहिए कि आप सब
दीन-ए-इलाही की जगह दीन-ए-औरत
मज़हब शुरू करें और उसे चलाने की
ज़िम्मेदारी भी वे औरतों को ही सौंपें

अपने बारे में वे क्या कहती हैं उसे सुनें
वे अपने लिए कैसा मज़हब चाहती हैं ये जानें
वे अपने लिए कोई मज़हब चाहती भी हैं या नहीं
इसका इल्म भी होना चाहिए आपको

---

* ख़ानम सुल्तान, आरामबानू, शकरुन्निसा—अकबर की बेटियाँ।

आरामबानू, क्या कोई औरत दीन-ए-औरत
नहीं चला सकती, क्या ज़रूरी है
कि वो इसके लिए मर्दों का ही मुँह ताके

ख़ानम बाजी, आप दीन-ए-औरत शुरू क्यों नहीं करतीं

ये जहाँ और सारे मज़हब मर्दों के हैं शकरुन्निसा
किसी मज़हब की पैगम्बर कोई औरत नहीं
ज़मीन भी मर्दों की है, दौलत भी मर्दों की
औरत भी मर्दों की, अपना मज़हब चलाने की छोड़ो
औरत मर्दों का मज़हब छोड़ने की सोच नहीं सकती

वह मज़हब से बाहर निकलने की सोचेगी
तो उसकी टाँगें काट दी जाएँगी,
वह दीन-ए-औरत चलाने को कहेगी
तो उसकी ज़ुबान तराश दी जाएगी
उसे उसका औरत होना नहीं भूलने दिया जाएगा

आरामबानू, औरत अपना धर्म क्या चलाएगी
बिस्तर तक में बराबरी का दावा न कर पाने वाली
औरत मर्द के साथ मज़हब में बराबरी
या उससे आगे का दावा कैसे कर सकती है

मगर...हम बादशाह अकबर की तीनों बेटियाँ
अपने ज़ेहन से इस बात को न निकलने दें
कि हम न सही कभी हम जैसी ही
कोई औरत मर्दों के इस मज़हब से आकर बाहर
दीन-ए-औरत या उससे भी बढ़कर
आइन-ए-औरत की नींव रखेगी।

गुलमुख बेगम*

अपने भीतर अक्सर वह ख़ुद से कहती
खड़ी हो गुलमुख अपने हाथ में तलवार उठा
जंग कर, तेरी विरासत तो जंग की है

तू सामने तो आ और देख
तेरे जैसी कितनी ख़ातूनें हैं जो तेरी तरह
अपने हाथों में तलवार पकड़ना चाहती हैं

वे ख़ातूनें जिनके पिता, भाइयों और शौहर ने
कभी पूछा ही नहीं उनसे, क्या हमारी तरह
तुम भी जंग लड़ने की ख़्वाहिश रखती हो

पहली बार जब अपने हाथों में
तलवार लेकर वह सबके सामने आई
तो उन औरतों को कोई आश्चर्य नहीं हुआ
जो उसकी तरह थीं और तलवार को
हसरत भरी निगाह से देखती थीं

उन्हें लगा जैसे वे गुलमुख सेना का
हिस्सा होने के लिए तैयार थीं कब से
मर्दों ने कहा भी तुम्हें पता है
तुम जिसके ख़िलाफ़ तलवार उठा रही हो
उसका नाम बादशाह अकबर है

---

* तैमूरी शहज़ादे इब्राहिम को ब्याही अकबर के चाचा कामरान की बेटी। जिसने औरतों की सेना बनाई। जिसने गुजरात में टोडर मल से युद्ध किया।

गुलमुख ने जबाव दिया मेरे सामने बस तलवार है
और मैंने तलवार के ख़िलाफ़ ही
तलवार उठाई है, और लड़ाई की असल मलिका
तलवार ही होती है, जीतती भी वही है
भले ही वह हाथों में हो दुश्मन के

इस बात को कितने लोग जानते हैं
कि अब्बा हुज़ूर ने मुझे तलवार के साथ ही
सोना और जागना सिखाया
उन्होंने कभी भी मुझे इसकी धार से
बचने के लिए नहीं टोका
कई बार मुझे लगा जैसे वे मुझे
अपनी तलवार के बराबर प्यार करते हैं

वे कहते भी थे गुलमुख इसे हमेशा अपने साथ रखना
एक दिन यही हरम से बाहर निकालकर लाएगी तुम्हें।

चाँद बीबी*

हक़ छीनने के लिए, अहमद नगर की,
हद तक आ पहुँची
शमशीरों को देखकर
मैं कब ढाल में बदल गई
मुझे पता ही न चला

जिसकी आवाज़ पहुँच जाती हो
भीतर घात लगाए
और बाहर बारूद बिछाए बैठे
दुश्मन के कानों में

उस नगाड़े की तरह गूँजते हुए
मैंने कहा अहमदनगर निज़ामशाह का है
और मैं नहीं होने दूँगी उसे किसी और का

लौट जाओ अबुल फ़ज़ल मेरे जीते जी
फ़तह मुमकिन नहीं तुम्हारे लिए
और अपने उस बादशाह को देखो
जिसने भेजा तुम्हें यहाँ
कभी बैरम ने ठीक मेरी तरह
नहीं क़ब्ज़ा करने दिया था उसका हक़ किसी को

मैं इस बात को नहीं दोहराना चाहती
कि अकबर को तख़्त पर

---

* अहमद नगर के शासक बुरहानमुलुक की बहन जिसने उसके पुत्र को अहमदनगर का शासक बनाया।

बिठाने के बाद बैरम ने क्या किया
और बैरम का क्या हुआ

मगर मैं इतना ज़रूर जानती हूँ
कि मैं अपनी आँखों को
हुकूमत की चौंध से बचा लूँगी

निज़ाम कैसा शासक साबित होगा
यह नहीं सोचती मैं
मैं सोचती हूँ तो बस इतना
मैं कब तक बिठाए रखूँगी उसे तख़्त पर

तुम अहमदनगर को छीनने पर आमादा हो
और मैं बचाने पर

जीतकर तुम अपने बादशाह को
इसे भेंट करना चाहते हो
और मैं उसे अपने बादशाह के लिए
बचाए रखना चाहती हूँ

और मुझे इस बात में कोई सन्देह नहीं
कि मैं यहाँ से तुम्हारी वापस जाती हुई पीठ देखूँगी।

ज़ोहरा बेगम*

औरत का क़त्ल कायनात का क़त्ल करने के समान है
इबादत की किताब यही कहती है
तुम्हारा गुनाह माफ़ी के क़ाबिल नहीं मुअज़्ज़म
तुमने ख़ंजर अपनी बेगम के नहीं
वक़्त के सीने में घोंपा है

मर्द होना गुनाह का हक़दार होना नहीं
सज़ा के खाते में सबसे ज़्यादा नाम
तुम सरीख़े मर्दों के दर्ज हैं

औरत जैसी रौशन को बुझाने की हैसियत
तो मुझ जैसे बादशाह की भी नहीं
ये औरतें ही हैं जिनके उजाले
हम मर्दों के अँधेरे मिटा देते हैं, हमें
अपने भीतर की कंदराओं से बाहर खींच लाते हैं

यदि कोई मर्द ख़ुद से मिलना चाहता हो
तो वह किसी औरत से मिले जाकर
यदि वह रुकना चाहता हो तो किसी औरत की
मुहब्बत में डूब जाए और उसके मरने के लिए
औरत के इन्तज़ार से अच्छी कोई जगह नहीं

---

* अकबर की माँ हमीदा बानू के सनकी भाई ख़्वाजा मुअज़्ज़म की बेगम। जिसे उसने चाकू घोंपकर मार डाला। ज़ोहरा की माँ की शिकायत पर जिसे अकबर बचाने दौड़ा मगर उसकी जान नहीं बचा सका। जिसे अकबर ने पानी में डुबाकर मारने की सज़ा दी मगर वह डूबकर नहीं मरा तब उसे ग्वालियर क़िले में क़ैद रखा।

हवाएँ, औरत की हँसी को ही नहीं
उसकी चीख़ को भी जहाँ में फैलाती हैं
औरत चुपचाप मरती हुई ज़रूर मिलती हो
मगर उसकी ज़िन्दगी को
लिख रही इबारत ख़ामोश नहीं रहती

औरत को नहीं तुमने दास्ताँ को मिटा डाला
दर्द को उसकी छाया से अलग कर दिया
वह आख़िर में क्या कहना चाहती होगी
ये तो उसकी वह ख़ामोशी ही बता सकती है
जो अब बस दफ़्न के लायक़ है

मुग़लिया सल्तनत को अफ़सोस है कि वह
तुम्हारे हाथों क़त्ल हुई एक औरत को नहीं बचा सकी
मगर वह तुम्हें सज़ा देने से बचने की
कोशिश नहीं करेगी, वो इसके रास्ते में
रिश्तेदारी और ओहदेदारी को आड़े नहीं आने देगी

कहा जाता है जहान की सभी नदियों में
औरतों के आँसू बहते हैं, दरियाओं के
बहने की आवाज़ औरतों की सिसकियाँ हैं

इसलिए तुम्हें दरिया में डुबाकर
मारने की सज़ा दी जाती है
अब ये इस मुल्क को देखने दो
दरिया के पानी में मिला औरतों की आँख का पानी
तुम्हारी मौत क़बूल करता है या नहीं।

जगत गुसाईं*

शाह बेगम** आपसे माफ़ी चाहती हूँ शहज़ादे ख़ुसरो को
अंधा किए जाने से नहीं बचा सकी मैं

मैंने फ़ैसला बदलने के लिए
बादशाह हुज़ूर की कितनी मिन्नतें नहीं कीं
उनके आगे दामन तक फैला दिया अपना

उन्हें यह भी याद दिलाया
कि दुनिया छोड़ने से पहले आप मुझसे
ये वादा लेकर गईं कि मैं
ख़ुसरो और ख़ुर्रम में अन्तर नहीं करूँगी
न ही बादशाह हुज़ूर की तरफ़ से
कोई आँच आने दूँगी ख़ुसरो पर

मेरा ये कहना भी बादशाह को
नहीं पिघला सका कि हुज़ूर चाहें तो
ख़ुसरो के बदले हमारी आँखों की रौशनी छीन लें
मगर ख़ुसरो को इतनी सख़्त सज़ा न दें

मैं उन्हें नहीं समझा सकी कि अवाम
यही मानेगी कि ख़ुर्रम के वलीअहद
होने कि अपनी इच्छा के चलते

---

* (जोधाबाई) शाहजहाँ की माँ। जहाँगीर को ब्याही जोधपुर के मोटा राजा उदयसिंह की बेटी। गजसिंह के पिता सूरसिंह की बहन।

** आमेर के राजा भगवंतदास की जहाँगीर को ब्याही बेटी। ख़ुसरो की माँ जिसे मानबाई के नाम से जाना जाता है।

ख़ुसरो को अंधा हो जाने दिया मैंने
मैं चाहती तो उसकी ज़िन्दगी में
अँधेरे को हमेशा के लिए
अपना घर बनाने से रोक सकती थी

ये कोई नहीं जान सकेगा जो कहा मैंने
इंसाफ़ की ज़ंजीर लगवाने वाले
हुज़ूर को शहज़ादे रहते ऐसी सज़ा
तो जन्नतनशीं बादशाह अकबर ने भी नहीं दी
जबकि आप तो बादशाह प्रिय अबुल फ़ज़ल का
क़त्ल करवाने से नहीं चूके

अर्श आशियानी बादशाह हुमायूँ को भी
अपने भाई कामरान को सबके दबाव में
अंधा करना पड़ा, क्या बादशाह हुज़ूर
वैसी नज़ीर अवाम के आगे पेश करना चाहते हैं

तब हर बादशाह को अपने सिर पर
मुल्क का ताज पहनने से पहले
अपने गुनाहों के लिए ख़ुद को सज़ा देनी चाहिए
और गुनाह की सज़ा भुगतने के बाद ही
मुल्क के तख़्त पर बैठना चाहिए

सबको सज़ा सुनाने वाले बादशाह के
गुनाह भी कम नहीं होते, किसी को
अंधा बना देने की सज़ा, सज़ा नहीं गुनाह है
जो एक बादशाह अपने शहज़ादे
बेटे के ख़िलाफ़ करने जा रहा है।

हरका बाई*

सलीमा बेगम,** सलीम की वजह से मेरी नज़रें
महाबली के आगे झुकी जाती हैं
मुझे लगता है शहज़ादे के कारण
बादशाह हुज़ूर के दिल में
मेरे लिए जगह घटती जा रही है

शहज़ादे ने बादशाह के ख़िलाफ़ फिर से
बग़ावत कर दी है, कहीं बादशाह और अवाम
ये न समझने लगे कि इस बग़ावत में
मैं भी अपने शहज़ादे बेटे के साथ हूँ

मगर इस बात को हम दोनों से बेहतर
कौन जानता होगा सलीमा, कि शहज़ादे हो
या बादशाह, वे हमारी कितनी सुनते हैं

एक बार हम दोनों सल्तनत के नज़दीक तक
पहुँच चुके शहज़ादे को वापस भेज चुकी हैं
उस वक़्त तो बादशाह हुज़ूर भी दूर थे तख़्त से

मगर शहज़ादा है कि बादशाह से
माफ़ी मिलने के बाद भी, बादशाह के रहते
तख़्त हासिल करने के लिए

---

* जहाँगीर की माँ जिसे जोधाबाई के नाम से भी जाना जाता है। अकबर को ब्याही आमेर के राजा भारमल की बेटी।

** अकबर की बेगम। अब्दुर्रहीम ख़ानख़ाना की माँ। बैरम ख़ाँ की मौत के बाद अकबर ने जिससे ब्याह किया।

किसी भी हद से गुज़रने को तैयार है

महाबली ने एक रोज़ मुझसे कहा भी
हरका, सलीम को समझाने की कोशिशें
एक के बाद एक नाकामयाब होती जाती हैं

आप उसे हमसे एक ग़लती के लिए
माफ़ी दिलवाती हो और वह उसे भूलकर
दूसरी ग़लती करने में जुट जाता है

वह वलीअहद है, हमारे बाद तख़्त पर
वही बैठेगा, मुल्क का मालिक वही होगा
क्या उसे बादशाह होने की इतनी जल्दी है
कि वह अपने बादशाह बाप की
मौत तक का इन्तज़ार नहीं करना चाहता

सल्तनत की मुख़ालिफ़त करने वाले को
मौत की सज़ा सुनाने में देर न करने वाला
हमारा दिल शहज़ादे को दिए जाने वाली
सज़ा के बारे में सोचते हुए काँपता है

आपके कहने पर उसे सज़ा न देकर
हम ख़ुद गुनाह करते हैं, हमारे शहज़ादे बेटे ने
अपने बादशाह बाप को गुनाहगार बना दिया है

हमारा फ़ैसला यदि शहज़ादे के लिए
अलग होगा तो किसी गुनाहगार को सुनाई
सज़ा पर अवाम को कैसे य़कीन होगा

हरका, अफ़सोस ये है कि सलीम हमें हटाकर
बादशाह तो होना चाहता है, मगर बादशाह होने की
क़ाबिलियत हासिल नहीं करना चाहता
हमें नहीं लगता अवाम सलीम को
बादशाह होने के क़ाबिल समझती है।

मज़हरी बेगम*

मज़हरी बेगम आप बला की ख़ूबसूरत हैं
वक़्त ने आपको कमाल का हुस्न बख़्शा है
आपके हुस्नो-जमाल की जितनी तारीफ़ की जाए कम है

तारीफ़ के लिए शुक्रिया शहज़ादे हुज़ूर,
मगर क्या शहज़ादे नहीं जानते, इस तरह
किसी दूसरे की बेगम की तारीफ़ करना गुनाह है
वह भी तब जब वह अकेली हो
इससे मर्द की नीयत में खोट की पहचान होती है

मीना बाज़ार के लिए चलते वक़्त मुझे तो
बादशाह हुज़ूर के सामने पड़ने से बचने का
मशविरा दिया गया था, मगर यहाँ तो
शहज़ादे हुज़ूर रास्ता रोके खड़े हैं

मज़हरी बेगम, हमने आपकी ख़ूबसूरती ही नहीं,
आपके दिलफ़रेब अन्दाज़ के बारे में भी सुना था
और जैसा सुना था आपको वैसा पाया भी

ठीक है अब हम आगे बढ़ें, हम एक जगह
तमाम बेगमों से मिलने का मौका नहीं गँवाना चाहते
शहज़ादे हुज़ूर से इल्तिज़ा है वे हमारा रास्ता छोड़ दें
वैसे भी हम रास्ता भटक कर इधर पहुँच गए हैं
जिसका फ़ायदा शहज़ादे हुज़ूर उठा रहे हैं

---

* अकबर के नवरत्नों में से एक मुल्ला अब्दुल क़ादिर बदायूँनी की बेगम।

न छोड़ें तो आप क्या करेंगी, ज़रा बताइए
तब हम शोर मचाकर सबको बुला लेंगीं
अच्छा, तब हम आपका मुँह बन्द कर लेंगे

जाने दीजिए शहज़ादे, मेरे शौहर को
पता चल गया कि हम रास्ता भटककर
आपके सामने पड़ गए तो हमारी ख़ैर नहीं

अच्छा चले जाने देते हैं, मगर जाने देने की
छोटी सी क़ीमत चुकानी होगी आपको
क्या क़ीमत चुकानी होगी ज़रा हम भी तो सुनें

इस वादे के साथ कि किसी रोज़ आप हमारी
ख़्वाबगाह में भी अपने मुबारक क़दम रखेंगीं
आपको हमें अपने होंठों का एक बोसा देना होगा

गुस्ताख़ी माफ़ शहज़ादे आप भटक रहे हैं
मैं फिर से दोहराना चाहती हूँ कि मैं एक
शादीशुदा औरत हूँ, अब मुझे जाने दीजिए

उसके बाद क्या हुआ बेगम, आश्चर्य में डूबी
सईदा* ने पूछा, उसके बाद ये हुआ सईदा
कि मेरी नींद खुल गई और मैंने ख़ुद को
अपने बिस्तर पर पसीने से तर पाया

अच्छा हुआ बेगम जो आपकी नींद खुल गई
हक़ीक़त में आपको शोर मचाने की ज़रूरत नहीं पड़ी
यदि यह सच में हुआ होता तो आपका मचाया शोर
आपकी ज़िन्दगी को तबाह कर जाता।

---

* मज़हरी बेगम की ख़ास कनीज़।

ज़ीनत और गौहर*

ज़ीनत आपा कल शहज़ादे ने मुझे
अपनी बाँहों के घेरे में लेकर मेरी पेशानी को चूमा
और मुझसे बहुत सारी बातें की

ऐसा तो वे मेरे साथ भी कर चुके हैं
मेरे गालों का बोसा लेते हुए उनके हाथ
मेरी कमर तक पहुँच चुके हैं
मगर उससे आगे वे कभी नहीं बढ़े
पर कब वे हद लाँघ जाएँ कोई भरोसा नहीं इसका

आपा, क्या शहज़ादे का हमें
अपने इतने नज़दीक खींच लेना सही है,
हम न तो उनकी बेगमें हैं और न ही रखैलें
हम तो बस उनकी कनीज़ें हैं

गौहर, चाहे बेगमें हों, रखैलें हों या कनीज़ें
शहज़ादे के लिए वे बस औरतें हैं
जैसे किसी ख़ूबसूरत औरत को
बेगम में बदलते देर नहीं लगती
वैसे ही कोई ख़ूब ख़ूबसूरत कनीज़
कभी भी रखैल में बदल सकती है

---

* शहज़ादा सलीम की कनीज़ें। जो शहज़ादे को हजरत निज़ामुद्दीन औलिया जाते हुए रास्ते में मिलीं। शहज़ादे ने जिन्हें बादशाह अकबर की बिना इजाज़त के अपनी कनीजें बनाया।

ये किसी कनीज़ के हाथ में है भी नहीं
वह ख़ुद को शहज़ादे की रखैल होने
या कनीज़ रहते शहज़ादे की हमबिस्तर होकर
ख़ुद को मालामाल होने से रोक ले

शहज़ादे का दिया त्रिलड़ा हार ही नहीं
उसकी जड़ाऊ तलवार भी
कनीज़ के गले तक पहुँच सकती है

तुम भूल गईं गौहर, शहज़ादे की
कनीज़ होने से पहले रोटी को मुहताज हम क्या थे
और आज हम दोनों शहज़ादे की ख़ास हैं

तो क्या आपा रोटी इज़्ज़त से बड़ी होती है
मुग़लिया हरम में बेगमें, रखैलें और कनीज़ें
बस रोटियों के लिए घिसट रही हैं?

सबकी हालत देखकर तो यही लगता है गौहर
कि बादशाह और शहज़ादों ने
उन्हें किस तरह हीरे-जवाहरात
और सोने-चाँदी के ढेर में गाड़ रखा है

वे सब मुग़लिया मर्दों की ज़िन्दगी में
एक के बाद एक आती-जातीं
औरतों की नहीं अपने पास बढ़ते जेवरात
और अपने बच्चों की बात करती हैं

आपा क्या आप कभी शहज़ादे की
बेगम हो सकती हैं, मैं ही क्यों
तुम क्या मुझसे कम ख़ूबसूरत हो
शहज़ादे की बेगम तो तुम भी हो सकती हो

हम दोनों अपना कल नहीं जानतीं
हम कनीज़ें ही रहेंगी, रखैलें हो जाएँगी

या हममें से कोई या हम दोनों ही
शहज़ादे की बेगमें हो जाएँगी

या किसी ग़लती पर हरम से बाहर
या फिर क़त्ल कर दी जाएँगी।

शाह बेगम*

वह एक ऐसी म्यान की तरह थी
जिसमें बाप और बेटा दोनों ही
लाकर रखते अपनी-अपनी तलवारें

उसे अपने भीतर उनकी तलवारों के
आपस में टकराने की आवाज़ें
सुनाई ही देती रहतीं, जिन्हें सुनकर
हर बार काँपकर रह जाने के अलावा
कुछ नहीं होता उसके पास

वह कई बार उनकी तलवारों को,
छुपा देती, कर देती उन्हें
उनको सौंपने से इनकार
हो जाती उनके बीच कसकर खड़ी

वे जिनसे बनी होतीं उसकी धातु के
एक होने का इशारा किए बिना
कभी नहीं चूकती, मगर वे हर बार
उसकी सुने बिना तख़्त की ओर बढ़ जातीं

जंग के मैदान में गर्दनें उड़ा देने की
उनकी यादों ने उसे भी
जंग के ऐसे मैदान रख दिया बदलकर
जिसमें बाप-बेटे मिलते हमेशा लड़ते

---

* आमेर के राजा भगवान दास की पुत्री। जिसका जहाँगीर से विवाह हुआ। जिसने पति जहाँगीर और पुत्र ख़ुसरो के झगड़ों से हारकर आत्महत्या कर ली।

उसे हमेशा यही लगता कि किसी रोज़
बाप-बेटे दोनों में से किसी एक की
तलवार लौटेगी और जिस पर
ख़ून चिपका होगा ख़ुद का ही

मगर माँ हो या म्यान उसकी कौन सुनता है
आगे बढ़ते हुए टापों और जूतों तले
रौंदी जाने वाली राह की कौन सुनता है
जंग में ख़ून से सनते जाने वाली
ज़मीन की कौन सुनता है
जलाने और दफ़्न करने जाने को विवश
आग और ख़ाक की कौन सुनता है

न बादशाह सुनता है न शहज़ादा सुनता है
न बाप सुनता है न बेटा सुनता है
न तख़्त सुनता है न नाज सुनता है

कोई नहीं सुनता...कोई नहीं सुनता...कोई नहीं सुनता।

सुल्तानुन्निसा बेगम*

शहज़ादे भाई मेरा बस चले तो मैं तुम्हें
अपनी आँखें निकालकर दे दूँ, तुम्हें इस तरह
दीवारों से टकराते देख मैं तड़पकर रह जाती हूँ

तख़्त की चाहत वालों से सल्तनत कैसी बेरहमी
बरतती है, ये मुझे तुम्हारे चेहरे पर दिखाई देता है

इसके लिए बादशाह बाप अपने बेटे तक को
तख़्त पाने के क़ाबिल ही नहीं
तख़्त देखने के लायक़ भी नहीं रहने देता

तख़्त में ठुकीं कीलों को सलाइयों में बदलकर
वह उसकी आँखों में फेरने से भी नहीं हिचकिचाता

शहज़ादे भाई, तुम्हारे दर्द का पहाड़
मेरे अन्दर भी ऊँचा उठता जाता है, उसका बोझ
हर वक़्त बढ़ता रहता है मेरे भीतर

भाईजान, जहाँ में सल्तनत का तख़्त ही
सबसे बड़ा नहीं, न ही सबसे बड़ा उस पर बैठने वाला
सबसे बड़ा तो उसे ठुकराने वाला है
यह मैं भी सुनती आई हूँ, मगर उन
ठुकराने वालों को भी तख़्त पर बैठने वाले
अपने आगे हाथ बाँधे खड़ा देखना चाहते हैं

---

* जहाँगीर की हिन्दू बेगम शाह बेगम की बेटी। ख़ुसरो की बहन।

तख़्त की राह में बिछे बारूद से बचकर
सब उस तक पहुँचना और उसे
हमेशा के लिए क़ब्ज़ा लेना चाहते हैं
उस पर बैठने के बाद वे कह भी उठते हैं
अब इसे कोई और हासिल करने की जुर्रत न करे
अब से ये बस हमारा है, बस हमारा

मगर वे भूल जाते हैं कि तख़्त की राह में
तैनात शमशीरों से अपनी गर्दन बचाता
ठीक उसी की तरह कोई उस पर बैठने
बढ़ा आ रहा है, उसके कई चेहरे हैं
जिसमें से कई तख़्त पर पहुँचने की राह में मिट जाएँगे

मगर वह अपना एक-न-एक चेहरा लिये
उस तक पहुँचकर, उस पर बैठ कर ही रहेगा
जो उस तक नहीं पहुँच सका, वैसा तुम भी
एक चेहरा थे, मगर उस पर बैठ चुके
एक चेहरे ने रौशनी छीन ली तुम्हारी

तुम देख नहीं सकते ये देखते हुए जीना
तुम्हारी बहन के भी लिए तुम्हारी तरह आसान नहीं।

लाडली बेगम*

तुम हिन्दुस्तान के बादशाह होने का ख़्वाब
नहीं देखते शहज़ादे, मगर तुम्हें
हिन्दुस्तान के तख़्त पर बैठा देखने की बेचैनी
मलिका-ए-मुल्क के चेहरे पर साफ़ दिखाई देती है

तुम उनसे कहते हो लाडली का प्यार ही
मेरा मुल्क है, जिसका मैं बादशाह हूँ
और मेरे सिर का ताज भी लाडली की मुस्कान है

लाडली के प्यार में खोया मैं इतना सुखी हूँ
कि मुल्क की बादशाहत और तख़्तो-ताज
सब फीके दिखाई देते हैं मुझे उसके आगे

मुझे लेकर कहीं तुम्हारी बातें मेरी आँखों को
आँसुओं से भरने में कामयाब हो जातीं हों
मगर बादशाह बेगम के चेहरे की
झुँझलाहट देखने लायक़ होती है उस वक़्त

वे कहतीं है जीना चाहते हो तो तख़्त के बारे में
सोचना ही नहीं उसे पाना शुरू कर दो शहज़ादे

मैं नहीं चाहती कि तुम्हारी जान
तख़्त को पाने की तैयारी की जगह
तख़्त से दूर भागने की कोशिश में जाए

---

* जहाँगीर के चौथे बेटे शहरयार को ब्याही नूरजहाँ की बेटी।

तख़्त से दूर भागते शहज़ादे की क़िस्मत में
कायर मौत के अलावा कुछ नहीं होता

जिस लाडली को तुम इतना प्यार करते हो
वह आगे भी बना रहे इसके लिए ज़रूरी है
कि तुम्हारे सिर पर मुल्क का ताज भी हो
मेरी तरह वह भी मलिका-ए-मुल्क
कहलाए, ढलें उसके भी नाम की मोहरें

मैं तुममें जहाँगीर और लाडली में
अपनी छवि देखती हूँ और तुम हो कि तुम्हें
मेरी आँखों में वह दिखाई नहीं देती।

साहिब-ए-जमाल बेगम*

इंसाफ़ की ज़ंजीर बजाने की इजाज़त
किसी मुग़लिया बेगम या शहज़ादी को नहीं
ये कैसी बेइंसाफ़ी है बादशाह हुज़ूर

क्या मुग़लिया औरतें अपने लिए
इंसाफ़ नहीं चाहतीं, मुग़ल बादशाह को
इंसाफ़ की शुरुआत अपनी बेगमों
और शहज़ादियों से करना चाहिए

हरम में मुग़लिया औरतों के बीच
खड़े होकर उसे कहना चाहिए
शहज़ादे हों या बादशाह वे सब
बस तुम्हारे ही नहीं, हरम की हाज़िराओं
और दाख़िलाओं के भी गुनहगार हैं

उनके हाथ हर मुग़ल बेगम और शहज़ादी के
ख़्वाबों के ख़ून से रँगे हैं
उन्होंने मुग़लिया ताक़त के दम पर
सबको अपने हरम में शामिल कर लिया है

उन्हें लगता है औरतों के लिए
मुग़ल मर्दों की हमबिस्तर होने से बेहतर
कुछ भी नहीं, मुग़लिया हरम में
शामिल हो जाने का मतलब

---

* जहाँगीर की तीसरी बेगम। ख़्वाजा हसन की साहबज़ादी।

उन्होंने सब पा लिया है और उनकी ज़िन्दगी
बेहतर ज़िन्दगी में बदल गई है

मगर क़ीमती पोशाकों में लिपटीं
औरतों के दिल में झाँको तो मिलता है
उनकी हालत और भी बदतर है

इंसाफ़ की ज़ंजीर लगवाने वाले
बादशाह हुज़ूर मैं आपकी सभी बेगमों
और शहज़ादियों की तरफ़ से
उस ज़ंजीर को बजाना चाहती हूँ

ज़ंजीर की आवाज़ बनकर मैं कहना चाहती हूँ
हरम को इस तरह एक के बाद एक
औरतों से भरे जाने का मतलब
उन्हें क़ब्र में ज़िन्दा दफ़्न करना है

हरम पहुँचकर हर औरत इंसाफ़ की ज़ंजीर में
कड़ी बनकर अपने लिए इंसाफ़ माँगने
जुड़ जाती हैं, ग़ौर से सुनो
इस ज़ंजीर की हर कड़ी से मुग़लिया औरतों के
दुखों के बजने की आवाज़ आती है

हमें इंसाफ़ चाहिए...हमें इंसाफ़ चाहिए
हमें ज़ोर-ज़ोर से बजाइए...हमें इंसाफ़ चाहिए।

ज़ुबैदा ख़ातून*

ये जान पाना कठिन है कि मेहर के ज़ेहन में क्या है
उसकी आँखों को पढ़ पाना भी आसान नहीं
तब भी कुछ ऐसा है जो समझ में आता है

वो जब तवारीख़ में दिलचस्पी लेती है
तो अपनी उम्र से बड़ी दिखाई देती है
और जब सियासत के बारे में जानना शुरू करती है
तो उसके चेहरे की सख़्ती देखते बनती है

क्या उसके ख़्वाब में मलिका-ए-मुल्क का ताज है
उसका लिखने-पढ़ने के साथ-साथ
घुड़सवारी तलवारबाज़ी और तीरंदाज़ी में
हुनरमंदी हासिल करना इसीलिए है
ये सब तो शहज़ादियों को सिखाया जाता है

लगता है वह अपने नाम के ढले हुए सिक्के
सल्तनत में चलते हुए देखना चाहती है

पर क्या उसे पता नहीं मलिका-ए-मुल्क का रास्ता
बादशाह के हरम से होकर गुज़रता है
और उसमें साँस लेती हर बेगम अपने सिर पर
मलिका-ए-मुल्क का ताज देखना चाहती है

---

* मेहरुन्निसा (नूरजहाँ) की शिक्षिका।

मुग़लिया हरम शतरंज का ऐसा खेल है
जिसमें बादशाह एक और एक दूसरे को
मात देने में लगी रहतीं, बेगमें अनेक हैं

खेल, जिसमें बादशाह के पास वजीर,
हाथी, घोड़े, ऊँट सब हैं और बेगमों के पास
प्यादों की शक्ल में ऐसे शहज़ादे जो अपनी हर चाल
बादशाह को पीटने के लिए चलते हैं

मगर बादशाह होने के लिए बस बादशाह का नहीं
और शहज़ादों का भी खेल से बाहर होना ज़रूरी है
यह वही कर पाता है जो इस खेल को
ख़ून में डुबो देने का वहशीपन रखता है

तब जाकर उसकी बेगमों में से कोई एक
मलिका-ए-मुल्क का ख़िताब पा पाती है

मेहर क्या इतना लम्बा सफ़र तय कर सकेगी
क्या वह इस खेल की बेगम हो सकेगी
कहीं वह किसी चाल में
किसी प्यादे से मात तो नहीं खा जाएगी

उसकी चाल, और आँखों की चमक देखकर लगता है
जैसे वह जीतने और अपना ख़्वाब पूरा करने के लिए बनी है।

अस्मत बेगम*

उससे नूरजहाँ का बेवा होना देखा नहीं जाता
उसे चाँद पर छायी बदली की तरह दिखाई देता वह

ख़ुद में जहाँ का नूर समाए चाँद सरीखी ही तो है
मेरी मेहरुन्निसा, वह मन-ही-मन बुदबुदाती

क्या उसका हुस्न इस तरह बरबाद होने के लिए है
वह खीज की चट्टान पर पटकती अपना सिर

जो तब परवान नहीं चढ़ सकी
जहाँगीर और मेहरुन्निसा की उस मुहब्बत को
वह याद करती, उसने दोनों के बीच
तब ख़ूब खिलते देखा उसे

उन दोनों की आँखों में एक-दूसरे के लिए
मुहब्बत थी तो उसकी आँखों में ख़्वाब
बेटी के हिन्दुस्तान की मलिका होने का

मगर उस वक़्त टूटता देखकर उसे
मन में घुट कर रह गई वह अपने
पर कुछ ख़्वाब टूटकर जुड़ते हैं

वक़्त था कि उसकी मलिकाए-हुस्न को
एक बार फिर मलिकाए-हिन्दुस्तान के
तख़्त के क़रीब ले आया

---

* मेहरुन्निसा की माँ।

जिस रोज़ जहाँगीर ने हाथ थामते हुए नूर का
बेवा होना उतार फेंका उसका

सारी रात चाँद सी बेटी के क़दमों पर
रखते हुए अपने क़दम
आगे बढ़ने के लिए अपने
तारों के बीच रास्ता बनाती रही वह

अब आकाश, चाँद और तारे सब उसके पास थे।

मेहरुन्निसा*

वक़्त ने हमें एक बार फिर एक-दूसरे के
सामने लाकर खड़ा कर दिया है...मगर
हमारे बीच का अन्तर अब इतना भारी है
कि तुम मुल्क के बादशाह हो और मैं एक बेवा

आश्चर्य कि हमारी निगाह में
एक-दूसरे को लेकर कोई फ़र्क़ नहीं,
पर उन्हें अब भी तलाश है हमारी

वो शुरुआत जो हमें बना सकती है
एक-दूसरे को ढूँढ़नी पड़ेगी अब भी तुम्हें
जिसे खोजने से कभी चूक गए थे तुम
जिसके चलते इस हालत तक पहुँची मैं

मुझे हिन्दुस्तान की मलिका
बनी देखने का तुम्हारा ख़्वाब
अब भी ज़ेहन में है मेरे
जिसे कभी अपनी बातों से
मेरे दिल में रोपा था तुमने
पर मेरा ख़्वाब हुआ पूरा, तुम्हें हिन्दुस्तान के
तख़्त पर बैठे देखने का

मुझे लगता रहा तुमसे दूर
धुँधलाती जा रही हूँ मैं
मगर जब बरसों बाद सामने पड़े हम,

---

* नूरजहाँ अलीक़ुली बेग की विधवा। जहाँगीर की पत्नी।

मुझे लगा हममें से कोई
फीका नहीं पड़ा एक-दूसरे के लिए

जिनके बीच मुहब्बत बहती रही
हम अब भी उसके किनारे हैं दो

तुम एक भी रोज़ मेरे ख़याल में
उगने से नहीं चूके मैं एक भी रात
तुम्हारे ख़्वाब में दमकना नहीं भूली

हमारी उम्र ने भले ही
तय कर लिया फ़ासला इतना
मगर हमारी मुहब्बत अब भी
जहाँ हमने छोड़ा था उसे
ठिठकी खड़ी है वहीं।

अर्जुमंद बानू*

कभी मेरे चेहरे पर टिकी रहने वाली
शहज़ादे की निगाह, अब हिन्दुस्तान के तख़्त पर
जाकर टिक गई है, मुझको अपने सिर का
ताज बताने वाला शहज़ादा, अब अपने सिर पर
हिन्दुस्तान का ताज पहनने को बेचैन है

तख़्त और ताज का रास्ता ताक़त के बल पर
तलवार तय करती है और यहाँ हर हाथ में
वह चमचमा रही है, उसकी धार, कब, किसकी
गर्दन रख दे उड़ाकर यह नहीं जानता कोई

जब मैंने शहज़ादे से यह कहा तो वह बोले
बेगम, शहज़ादों के रास्ते उन्हें तख़्त की ओर ही
लेकर जाते हैं, तख़्त के सिवा शहज़ादों की
कोई और मंज़िल नहीं होती

तुम्हारा डर जायज़ है कि ये रास्ता
परायों से अधिक अपनों के ख़ून से सना है
मगर तख़्त की ओर बढ़ते अपने-पराए
सब एक-दूसरे के दुश्मन होते हैं

मैं इसके रास्ते से हट भी जाऊँ तब भी
कोई यक़ीन नहीं करेगा कि मैंने
तख़्त की ओर बढ़ते अपने क़दमों को

---

* शाहजहाँ की बेगम मुमताज़ महल।

पीछे खींच लिया है और अपनी तलवार को
रख लिया है म्यान में, मुझे तब भी
तख़्त का दावेदार ही जाएगा माना

मुझे तख़्त की कोई चाहत नहीं
मेरी गर्दन उड़ाने आने वालों से
तुम कह भी नहीं पाओगी, उससे पहले ही
वे तुम्हारी क़िस्मत में बेवा होना लिख देंगे

मैं जानता हूँ तख़्त तक पहुँचने का रास्ता
षड्यंत्रों, समझौतों और शिकस्तों से भरा है
मगर मैं ये नहीं जानता
उस पर कितना चलना होगा मुझे

हिन्दुस्तान की बादशाहत हमारे ज़िन्दा रहने का भरोसा है अर्जुमंद
और मैं उस भरोसे को हासिल करना चाहता हूँ।

मोती बेगम*

बाँसुरी**...बादशाह हुज़ूर की मुहब्बत
अब भी बनी हुई है मुझ पर, इस वजह से
उनकी और बेगमों ने मुझे अपना दुश्मन मान लिया है
हुज़ूर की ख़्वाबगाह में मेरा जाना
बरदाश्त नहीं होता उन्हें

किसी रक़्क़ासा का ख़िताब देती हुईं मुझे
वे कहती हैं...रक़्क़ासाएँ हम बेगमों का हक़ छीन लेती हैं
बादशाह इनकी अदाओं में ऐसा खोते हैं
कि वह यह तक भूल जाते हैं
कि उसके अलावा और भी बेगमें हैं उनकी

इधर हम हाथ मलती रहती हैं
और उधर उनका ख़्वाब मलिका-ए-मुल्क
होने की ओर अपने क़दम बढ़ाता जाता है

मगर इसमें आपका क्या क़ुसूर बेगम
कि इन दिनों जहाँपनाह ने अपने दिल में
आपको जगह दे रखी है...ये तो आपकी ख़ुशक़िस्मती है
कि वे अब भी आप पर मिटे जाते हैं

बाँसुरी, मगर उनकी तरह मैं भी
एक औरत हूँ, जिस रोज़ बादशाह का दिल

---

* शाहजहाँ की एक बेगम जिसका शाहजहाँ के पास उस समय तक आना-जाना बना रहा। जब उसने अन्य बेगमों के पास जाना बन्द कर दिया। अन्य बेगमें उसे रक़्क़ासा की औलाद कहतीं।

** मोती बेगम की ख़ास हाज़िरा।

मुझसे भर जाएगा, वे मुझे भी
उन बेगमों में ले जाकर बिठा देंगे
अभी बादशाहत के आसमान में, उनसे अलग
चाँद-सी दिखाई दे रही मैं, होकर उनमें शामिल
किसी तारे सी टिमटिमाने लगूँगी

बेगम हुज़ूर...सच कहूँ तो ये
हर मुग़लिया बेगम का हश्र है, मुमताज़ के लिए
महल बनवाने वाले बादशाह हुज़ूर ने
उनके रहते क्या कई बेगमें और रखैलें नहीं बनाईं
और मुमताज़ बेगम के दुनिया छोड़ने के बाद
तो वे ऐसी आँधी में बदल गए, जो अपनी पसन्द की
हर औरत को उड़ा ले जाने में यक़ीन रखती है

हाँ बाँसुरी, अब भी मैं कोई अकेली नहीं
जो उनके नज़दीक हो, हाँ, उनकी बेगमों में से
एक ऐसी ज़रूर हूँ जो उनके नज़दीक है

मैं जब बादशाह हुज़ूर की ख़्वाबगाह में घुसती हूँ
मेरी साँसें मुझसे पहले ख़्वाबगाह छोड़कर गई
किसी न किसी औरत की छोड़ी हुई ख़ुशबू से भर जाती हैं
मुझे अक्सर लगता है ख़्वाबगाह में अब तक
आ चुकीं औरतें मुझे घूर या फिर मुझ पर हँस रही हैं।

अकबराबादी बेगम*

सफ़वी बेगम** मैं जानती हूँ सुरैया*** की वजह से
मुग़लिया सल्तनत बहुत बदनामी झेल रही है
हिन्दुस्तान के सभी रास्ते उसकी चर्चाओं से गर्म हैं

मगर अकबराबादी बेगम सुरैया अकेली तो नहीं
रौशनआरा का भी यही हाल है लगता है जैसे दोनों में
शहज़ादियों की तरह जीने की होड़ लगी है

हुज़ूर के कहने पर मैंने उसे समझाने की
कितनी कोशिशें नहीं कीं मगर मेरी हर कोशिश को
उसने शराब के प्याले की तरह उलट दिया
मालूम होता जैसे उसने अपने भीतर से
सल्तनत के ख़ौफ़ को ही खदेड़ दिया है, जैसे वह
मुग़लिया साम्राज्य को चुनौती देने पर तुली है

तुम्हें याद है न सफ़वी पिछली बार जब मैंने
उसे सज़ा का डर दिखाया तो उसने यह कहकर
मुझे भी अपने साथ खड़ा कर लिया
कि हम मुग़ल शहज़ादियाँ सज़ा ही भुगत रही हैं
और हम ही क्यों बेगमें भी सज़ायाफ़्ता हैं हरम में

अम्मी साहिबा क्या आप बता सकती हैं
अब्बाहुज़ूर को आपके महल में आए

---

* शाहजहाँ की बेगम।
** शाहजहाँ की बेगम।
*** शाहजहाँ की बेटी।

कितने बरस हो गए, और आपको भी तो
उनकी ख़्वाबगाह से बुलावा मिले सालों बीत गए

फिर आप भी वैसी ही बेगम हुईं बादशाह की
जैसे मैं शहज़ादी हुई आलमपनाह की,
हमारी हैसियत इतनी ही है
बेगम बनो और मर जाओ, शहज़ादी बनो और सड़ जाओ

अम्मीजान, बेगमों और शहज़ादियों के लिए
तो अच्छा ये है कि वे सल्तनत से मिले
अपने ख़िताबों की गठरी बाँधें और जमुना में बहा दें
वे सब इकट्ठी होकर क़िले पर चढ़ जाएँ
और वहाँ से चिल्ला-चिल्लाकर
दुनिया की औरतों को बता दें कि हम
मुग़लिया औरतों की हालत आप से भी ज़्यादा ख़राब है

इन मुग़लिया महलों में हमारी शक्ल में
तुमसे भी गई-बीती औरतें रहती हैं
जो भले ही अच्छा पहनती और खाती हैं
बेगमें और शहज़ादियाँ कहलाती हैं
अस्ल वे वहाँ घुट-घुट कर मर जाती हैं।

कंधारी बेगम*

शहज़ादे की बेगम होने से पहले ही मैं जानती थी
कि मुग़लिया हरम ख़ूबसूरत औरतों
और बदसूरत षड्यंत्रों से भरा पड़ा है
और यह भी कि एक बेगम के हाथों की मेहँदी
फीकी नहीं पड़ती कि अपने पीछे
उसे दूसरी बेगम आती दिखाई देती है

जब वह हरम में अपने लिए जगह बनाती है
तो और बेगमों को सिकुड़ना पड़ता है
जगह बनाने और जगह बचाने के इस खेल में
बेगमों की ज़िन्दगियाँ रह जाती हैं खोकर

बेगमें हों या शहज़ादियाँ वहाँ उनकी हैसियत
लदी-फँदी उन भेड़ों जैसी है,
जिनकी गर्दनें शमशीर नहीं, समय काटता है

गाजे-बाजे के साथ वहाँ भेजी गईं उन्हें
बादशाह और मौत का इन्तज़ार
इस क़दर थका देता है कि उनमें से कुछ
हरम को ही अपनी क़ब्र मानना और उस पर
ख़ुद अपना फ़ातिहा शुरू कर देती हैं पढ़ना

जो वहाँ ख़ूब हँसती दिखाई देती हैं
वे ही सबसे ज़्यादा ग़मगीन होती हैं

---

* सफ़वी बेगम जिसे ईरानी बेगम भी कहा जाता है। मुमताज़ से पहले शाहजहाँ के साथ जिसका विवाह हुआ।

अपनी बेटियों को अपने रास्ते पर घिसटता
और अपने बेटों को बादशाह के रास्ते पर बढ़ता देख
अकेले में उनका हँसना और बड़बड़ाना
उन्हें ज़ेहनी होने का अहसास कराता है,

तातारियों, खोजाओं, हाज़िराओं, दाख़िलाओं
और बाँदियों को सलाख़ों की तरह गिनतीं
वे उन्हीं में से किसी एक को
शीराज़ी तैयार करने का हुक्म देती है
मगर हरम की महँगी पोशाकें, जड़ाऊ ज़ेवर
मुग़लिया खानपान और उम्दा शराब भी
उन्हें उम्दा औरत की तरह नहीं रख पाती

जब मैं बेगम हुई तो मुझसे पहले कोई न थी
मगर एक के बाद एक वे मेरे पीछे
आती गईं और मैं पीछे छूटती चली गई,
मुझे पहली से आख़िरी होने में समय नहीं लगा

अब जब मैं आगे आने की सोचती हूँ
वे सब मुझे अपने रास्ते में दीवार की तरह
खड़ी नज़र आती हैं, और उन्हें हटाने की
कोशिश करना उन्हें ढहाने जैसा है
वे ढहेंगी तो एक-दूसरे पर ही गिरेंगी जाकर।

सती-उल-निसा ख़ानम*

बादशाह हुज़ूर, बाँदी आपसे कुछ अर्ज़ करना चाहती है

हम तुमसे अपना कहा एक बार फिर दोहराते हैं
हमने तुम्हें कभी बाँदी नहीं समझा
तुम्हें हमेशा मुमताज़ की राज़दार माना

हमें और मुमताज़ को, तुमसे ज़्यादा नज़दीक से
किसी ने नहीं नहीं देखा, मुमताज़ न रहीं तो क्या
जन्नतनशीं मुमताज़ के कुछ राज़ तो हमेशा
तुम्हारे सीने में दफ़्न रहेंगे, जिनके बारे में
बस अर्जुमंद और तुम्हें ही पता होगा

हम उन्हें तुमसे जानना भी नहीं चाहते
उन्हें अपने सीने में ही दफ़्न रहने दो
हालाँकि हमारे भीतर भी मुमताज़ और अपने
राज़ों का ज़ख़ीरा कम नहीं मगर तुम
जो कहना चाहती हो बेहिचक कहो

बादशाह हुज़ूर, ये मुमताज़ महल का
कोई राज़ नहीं, उनकी कही बात है,
जो एक सर्दरोज़ धूप में अपने क़रीब
बिठाए मुझसे की उन्होंने

---

* मुमताज़ महल की सखी जो विवाह में उसके साथ आई। ताजमहल के प्रांगण में जिसकी क़ब्र बनी है।

मुझे पता नहीं मरहूम बेगम साहिबा ने
ये बात कभी आपसे कही कि नहीं
और जिसे सुनकर तब आपने क्या कहा उनसे
जिसे हुज़ूर के सामने रख रही हूँ मैं आज

निसा...बड़े होकर मेरे चारों बेटे
हिन्दुस्तान के तख़्त पर बैठने के लिए
एक-दूसरे के ख़ून के प्यासे हो जाएँगे
मैंने अब तक तख़्त पाने के लिए
यही होता देखा है, मालिक-ए-मुल्क भी
अपने भाइयों में अकेले बचे हैं

सोचकर डरती और अपने सरताज के बाद
दारा को बादशाह देखना चाहती
मैं एक दिन उनसे कहना चाहती हूँ
क्यों न एक नई मुग़लिया शुरुआत करें वे
और चारों शहज़ादों की जगह
शहज़ादी जहाँआरा को हिन्दुस्तान की हुकूमत सौंप दें

एक जहाँआरा ही है जो मुझे
अपनी औलादों में मुल्क की बादशाहत के लिए
सबसे क़ाबिल नज़र आती है।

महजबीं*

बादशाह हुज़ूर, मेरा जंगबाज़ शौहर
मुझे आपकी गोद में बैठा देख गया है
उसे आया देखकर न तो आपने गोद से उठाया मुझे
और न ही मैंने कोशिश की उतरने की

मेरी आँखें भी उसके आगे नहीं झुकीं
और उसका झुका हुआ सिर बढ़ गया
हमारे आगे से, मेरी और आपकी क़रीबी
उसके सुनने से बढ़कर उसके देखने तक पहुँच गई
हवेली में इन्तज़ार करता वह मेरे पहुँचते ही
कहीं गर्दन तो न उड़ा देगा मेरी?

उसमें इतनी बे-अक़्ली नहीं महजबीं
कि वह मेरी ज़रूरत को मिटा दे,
उसने तुम्हें नहीं अपनी क़िस्मत को
मेरी बाँहों में खिलते देखा है
और वह कभी उसे मुरझाने नहीं देगा

अच्छा याद करो, क्या उसने कभी
मेरी ख़्वाबगाह में आने से रोका तुम्हें
जबकि ये सिलसिला पुराना अब तक
तुमसे अधिक ये उसके लिए बेहतर है

---

* शाहजहाँ की अन्तरंग मुमताज़ की 6 साल छोटी बहन। खलीलुल्लाह ख़ाँ की बेगम जिसे हमीदाबानू के नाम से भी जाना जाता है। मुमताज़ की मृत्यु के बाद जिसने गौहर आरा का पालन किया।

कि मेरे बुलावे पर ही नहीं, अपनी मर्ज़ी से भी
मेरे नज़दीक तुम आती रहो बेहिचक

ये दोहराने का भी अब कोई मतलब नहीं
कि तुमने अपनी ओर से कोई कसर नहीं छोड़ी
मेरे नज़दीक आने की, मगर अब हक़ीक़त यह है
कि अब तुम भी मेरी नज़दीकी हो एक

तुम एक शानदार औरत हो और तुम्हारा शौहर
एक जाँबाज़ लड़ाकू, मुझे वह मेरे लिए
मैदान में लड़ता और तुम मेरी ख़्वाबगाह में
मुझसे लड़ियाती अच्छी लगती हो

महजबीं बेफ़िक्र हवेली जाओ अपनी
अब जब तक तुम हो तब तक वह है
और हाँ, वह तुम पर मलिकाए-मुल्क कहकर
तंज करे तो उस पर भरोसा मत कर बैठना।

सिताराबानू*

महजबीं और मुझमें आपको कोई फ़र्क़
नज़र नहीं आता, तब भी आपकी ज़रूरत
हम दोनों हैं, बादशाह हुज़ूर, ये कैसी करामात है

मगर ये बात हम क्यों नहीं समझतीं
हमें तो यही लगता है कि हम
एक दूसरे से बेहतर हैं और शहंशाह भी
इस हक़ीक़त को पहचानते हैं
मगर हमसे सच कहते नहीं कभी

आलमपनाह...आज आपको बताना ही होगा
हम दोनों में कुछ तो अलग है
जिसे बस आप पहचानते हैं

सितारा...तुम एक ऐसी लड़ाकू की तरह हो
जो लड़ती जाती है...लड़ती जाती है
और जब थक जाती है सुस्ताने लगती है
सुस्ताकर फिर लड़ना शुरू कर देती है
न ख़ुद हारती है और न दूसरे को हारने देती है

महजबीं ऐसी जंगबाज़ है जो ख़ुद हारने
और दूसरे के जीतने में सुख पाती है
वह हारती चली जाती है और दूसरा

---

* वज़ीर जाफ़र ख़ाँ को ब्याही मुमताज़ की बहन। महजबीं की तरह शाहजहाँ की अन्तरंग। जिसे फ़रज़ाना के नाम से भी जाना जाता है।

जीतता चला जाता, इसके बाद भी जीतने वाला
न ख़ुद को जीता हुआ पाता है न वह ख़ुद को हारी

मगर लड़ना दोनों को आता है
इसलिए तो मैं कहता हूँ मुझे तुम दोनों में
कोई अन्तर नज़र नहीं आता

मगर आलमपनाह हमें लगता है जैसे आप एक हैं
उसी तरह हम एक क्यों न हुईं,
हम सितारा और महजबीं
दो न होकर एक भी तो हो सकती थीं

एक हो सकती थीं या नहीं,
ये तो मैं नहीं बता सकता...मगर
यह ज़रूर कह सकता हूँ, तुम दोनों में से
कोई एक जब भी मेरे पास होती है
मुझे लगता है तुम दोनों मेरे पास हो

जैसे इस वक़्त मुझे लग रहा है कि मुझसे
अकेली तुम नहीं, महजबीं भी बात कर रही है।

हैदरजान*

मेरे दिल में तुम्हें लेकर कोई रंज नहीं हैदरजान
तुम न होतीं तो कोई और होती
जिसके लिए बादशाह मुझे छोड़ते ही
हम दोनों तो वैसे भी हम-पेशा और हमनाम हैं

तुम्हारा भी काम नाचना है और मेरा भी
तुम्हारी भी पहचान रक़्क़ासा की है और मेरी भी
आगे बढ़ते बादशाह के रास्ते में जैसे मैं छूट रही हूँ
तुम भी कहीं छूट जाओगी एक दिन
उस दिन तुम मुझे याद आओगी और मैं तुम्हें
ये क्या कम है कि मैं वक़्त के आईने में
हैदर की शक्ल में अपनी शक्ल लिये जा रही हूँ

बुरहानपुर से चलते समय मैंने बादशाह से
पूछा भी था, हुज़ूर बता सकेंगे कितने दिन
साथ रह सकेंगे हम, मेरी इस बात पर
बादशाह हँस दिए और उन्होंने मोतियों का
एक सतलड़ा हार मेरे गले में पहना दिया

तुम्हारे गले में भी मोतियों का एक सतलड़ा
झूलता देख रही हूँ मैं, हैदर हमारे गलों में
दमकतीं ये लड़ियाँ ही हमारी क़िस्मत हैं,
चाहे तो बादशाह इन्हें फंदे में बदलकर

---

* दौलताबाद की ख़ास रक़्क़ासा जिसके लिए शाहजहाँ ने गुलाबोजान को छोड़ा। गुलाबोजान बुरहानपुर के नज़दीक बोरवाडी करारा की रक़्क़ासा थी जिसे शाहजहाँ दौलताबाद की मुहिम पर ले गया।

हमें इन्हीं पर झुला दे या फिर बादशाहत से
दूर या नज़दीक हम इन्हें झूलने दें अपने गले में

जैसे मैं बिना शिकायत, सलामत लौट रही हूँ
दुआ करती हूँ तुम्हारी सलामती की
ख़बर भी मिलती रही मुझे, बादशाह हुज़ूर तक
मैंने अपना ख़ुदाहाफ़िज़ पहुँचा दिया है
पता नहीं उन्होंने उसे क़ुबूल किया या नहीं

मगर तुम इसे ज़रूर सँभालकर रखना
और इसमें अपना बजूद देखती रहना
किसी रक़्क़ासा को अपना आज नहीं भूलना चाहिए
जो रक़्क़ासाएँ अपना होना भूल जाती हैं
उन्हें बवंडर पत्तों की तरह उड़ा ले जाता है
और हम औरतों के लिए सल्तनत किसी बवंडर से कम नहीं होती।

गुलआरा बेगम*

शहज़ादे को दिलाया यक़ीन भी गुलारा की जान
नहीं बचा सका, उसके रक़्क़ासा होने ने
शहज़ादे के यक़ीन को भी पीछे धकेल दिया
अब उसका मात्र पतुरिया होना
और हिन्दुस्तान की बादशाहत आमने-सामने थे

एक ही वक़्त में शहज़ादा उसके आग़ोश में
डूबा होता, और वह मुग़लिया सल्तनत के भय में

वह शहज़ादे से कहती भी तुम भले ही
मुझे यक़ीं दिलाते हो मगर मुग़लिया तख़्त कभी
मुझे तुम्हारी बेगम स्वीकार नहीं करेगा

चाहे उस पर तब जन्नतनशीं बादशाह
अकबर बैठे हों या ख़ुद उनकी बादशाहत में
अनारकली गँवाए बैठे अब बादशाह जहाँगीर

हिन्दुस्तान के तख़्त पर बैठे उन्हें
मुझमें अनारकली और तुममें ख़ुद का चेहरा
दिखाई नहीं देगा, वे भूल जाएँगे
कि कभी वे भी मुझ सी रक़्क़ासा
अनारकली की मुहब्बत में गिरफ़्तार थे
और अपनी मुहब्बत की ख़ातिर

---

* दकन में शहज़ादे शाहजहाँ की प्रिय रक़्क़ासा। बादशाह जहाँगीर ने जिसे आसिफ ख़ाँ के ज़रिये इसलिए क़त्ल करवा दिया कि कहीं वह हिन्दुस्तान की मलिका न हो जाए।

हिन्दुस्तान के तख़्त को ठुकराने या फिर
उससे टकराने को तैयार थे

अभी मुझे अपने सामने से एक पल भी
न हटने देने वाले तुम भी
बादशाह जहाँगीर की तरह मुझे भूल जाओगे
मुझे भूलकर उनकी तरह तुम भी
किसी नूरजहाँ की मुहब्बत में जाओगे डूब

वैसे भी शहज़ादों और बादशाहों के लिए
तो हर जवान और ख़ूबसूरत औरत
अनारकली, मेहरुन्निसा और गुलआरा है

अभी मेरे प्यार में पूरी तरह डूबे
शहज़ादे तुम अक्सर हिन्दुस्तान के तख़्त पर
बैठने के बाद मुहब्बत की एक निशानी
बनाने की बात करते हो, तो आज मुझसे
एक वादा करो और इसे कभी
किसी के आगे उजागर मत करना
हमेशा अपने दिल में ही रखना छिपाकर

मुहब्बत के उस महल में एक पत्थर
मेरे नाम का भी इस तरह लगवाना कि जब भी
उस निशानी को आँख भर देखने पहुँचो तुम
तो सबसे पहले तुम्हें दिखाई दे वह

और पत्थर की तरह उसमें लगी मैं भी
जब तक वह निशानी ज़मीं पर रहे
उसे देखने आने वालों के मुँह से
तुम्हारी तारीफ़ में काढ़े जाते क़सीदे सुनती रहूँ।

सरहिन्दी बेगम*

केतकी,** तुम्हारी सूरत आज फिर उतरी हुई है
क्या आज फिर मुल्क में बादशाह के आदेश पर
कोई सदियों पुराना मन्दिर ढहा दिया गया है

हाँ, मलिकाए-मुल्क, बादशाह के हुक्म पर
आज फिर एक मन्दिर ज़मींदोज़ कर दिया गया है
आप तो जानती हैं बेगम मुझे बादशाह हुज़ूर का
जबरन मन्दिर ढहाया जाना पसन्द नहीं

मुझे आपने अपने दिल में जगह दे रखी है
तो मेरी उलझन का सबब आप जान लेती हैं
मैं आपसे अपने मन की कह पाती हूँ

बेगम हुज़ूर, आप भी जानती हैं कि आलमपनाह को
इन मन्दिरों से तो कोई ख़तरा नहीं
मुग़लिया सल्तनत पर हमला बोलकर
हिन्दुस्तान की बादशाहत हथियाने के लिए
न तो उनके भीतर सेनाएँ छिपी हैं
और न ही गोला-बारूद भरा है उनमें

फिर बादशाह हुज़ूर को क्या सूझता है
कि वे जब चाहते हैं कई मन्दिर गिरवा देते हैं
जबकि पंडे-पुजारी तो हर वक़्त भगवान से अधिक
उनकी जय-जयकार में जुटे रहते हैं

---

* शाहजहाँ की बलूची बेगम।

** सरहिन्दी बेगम की प्रिय बाँदी।

तुम जानती हो केतकी कि मैं मन्दिर
और मस्जिद में कोई फ़र्क़ नहीं करती
और मैं तुम्हारी इस बात से इत्तेफ़ाक़ भी रखती हूँ
कि बादशाह बस मुल्लाओं को ख़ुश करने के लिए ही
मन्दिर नहीं गिरवाते बल्कि वे इस तरह
अपनी सल्तनत की ताक़त को भी परखते हैं

जब मन्दिर गिराये जाने पर भी सल्तनत के ख़िलाफ़
कोई आवाज़ नहीं उठती वे समझ जाते हैं
उनकी बादशाहत की जड़ें मुल्क में गहरी धँसी हैं
उनके दरबार में हाथ बाँधे खड़े हिन्दू मनसबदार
अपने धर्म नहीं उनके प्रति वफ़ादार हैं

हाँ बेगम, आपका यह कहना भी मैं कभी नहीं भूलती
कि इन मनसबदारों ने मुसलमानों की नहीं
सदियों पहले से तलवारों की दासता
स्वीकार कर रखी है, जबकि इनके हाथों में भी
वैसी ही तलवारें हैं तब भी इन्हें इस बात से
कोई फ़र्क नहीं पड़ता कि कितने मन्दिर ढहा दिये गए
इनकी निगाह तो बादशाह द्वारा
बढ़ाए जाने वाली अपनी ज़ात पर लगी होती है

इन्होंने इकट्ठे होकर कभी नहीं कहा
बादशाह हुज़ूर मुल्क पर राज करने के लिए
यह भी ज़रूरी है कि आप हमारे दिलों पर भी राज करें
आपकी सल्तनत में मन्दिरों को ढहाया जाना
हमें अपनी नज़रों में ही गिरा देता है

तब हो सकता है बादशाह भी सोचने के लिए
मज़बूर हो जाते और ये सिलसिला थम जाता
मगर मन्दिर टूटने का दर्द तो इनके चेहरों पर
नज़र तक नहीं आता, इनके हाथ
तब भी बादशाह के आगे जुड़े रहते हैं

एक बार मैंने बादशाह हुज़ूर से इस बारे में
बात करने की कोशिश की तो उन्होंने यह कहकर
चुप करा दिया मुझे, बेगम बादशाहत करना
हमारा काम है और हम उसे ख़ूब कर रहे हैं,
आपका काम हमें मुहब्बत करना है
और हम देख रहे हैं कि इन दिनों
आप उसे ठीक से नहीं कर पा रही हैं।

तारा*

मुग़लों से राजपूत स्त्रियों के विवाह
परस्पर आग्रह से होते आए हैं,
जहाँ मुग़लों ने उन्हें अपनी रानियाँ बनाकर
ब्राबरी बख़्शी है, वहीं वे भी
अपने रूप-गुण से उनकी बादशाहत को
रौशन करती आई हैं

बादशाह जहाँगीर और शाहजहाँ दोनों ने
राजपूत रानियों की कोख से जन्म लिया
और मालिक हुए इस मुल्क के

सलाबत ख़ाँ मैं ही नहीं मेरे पिता की कमर में
खुँसा ख़ंजर भी यह देख रहा है
कि तुम अपनी औक़ात भूलते जा रहे हो

राजपूत स्त्रियाँ गुलाब नहीं जिन्हें
कोई तोड़ ले, गुलाब तो उनकी आबरू है
वे तो उसे अपने घेरे में लिये
हुए उन काँटों की तरह हैं जिन्हें ख़ुद
तलवार में बदलते या उनके लिए
तलवारें खिंचते देर नहीं लगती

---

* जोधपुर के स्वर्गवासी महाराजा गजसिंह के बेटे राव अमर सिंह की बेटी। मीर बख़्श सादिक़ ख़ाँ का बेटा सलाबत ख़ाँ जो तारा पर ग़लत नज़र रखता था। बादशाह शाहजहाँ के सामने राव अमरसिंह ने उसकी हत्या कर दी और बादशाह के रक्षकों के हाथों ख़ुद मारे गए।

हमारे राजा पिताओं ने हमें
मुग़लों को डरकर नहीं सौंपा न ही
उन्होंने हमें लूटा राजपूत महलों से

राजघरानों की बराबरी यह कि हमें
ब्याहा गया मुग़लों से, इस पर भी
राजपूतों की समझदारी ये
कि धर्म की दीवारें गिराते
और मुग़लों से रोटी-बेटी का
रिश्ता जोड़ते देर नहीं लगी उन्हें,
अफ़सोस इसमें मुग़ल रह गए पीछे

वे भी आगे बढ़े होते
तो मुग़ल शहज़ादियों के भाग्य में
कुँवारा रह जाना लिखा न रह जाता
राजपूतानियों की तरह उनकी भी
डोलियों के उठने का सिलसिला
शुरू हो जाता मुग़ल महलों से
अपनी तरह हम भी
उन्हें राजपूत महलों में देखतीं

ये सिलसिला राजाओं और बादशाहों के
बीच ही थमकर नहीं रुक जाता
बढ़ता हुआ पहुँचता अवाम तक
तब मुल्क की तस्वीर देखने लायक़ होती

मुग़ल दरबार में तुम ख़ुद को
कितने भी ताक़तवर दिखाई दे रहे हो
मगर मेरी पसन्द के बिना
मेरी पसन्द होने की तुम्हारी कोशिश
तुम्हें मौत की ओर खींच रही है,
क्या तुमने अपने लिए
कफ़न और दफ़न का इन्तज़ाम कर लिया।

क्लारा*

बादशाह बेगम,** दोबारा दुल्हन बनने में
कोई दिलचस्पी नहीं मेरी, मैंने अपने बेवा होने को
अपना लिया है और अब यही मेरी पहचान है

तुम्हारी कमउम्र ने तुम्हारे बूढ़े अब्बा को
परेशानी में डाल रखा है और उन्हें हमेशा लगता है
उनके बाद तुम अकेली पड़ जाओगी

मुग़लिया सल्तनत में अकेली औरतें बहुत हैं बेगम
और उन्हें गिनने की शुरुआत मुग़लिया हरम से
की जा सकती है, बेगमें हों या शहज़ादियाँ
कनीज़ें हों या बाँदियाँ, एक-दूसरे के साथ सब अकेली हैं

मुग़लिया मर्द बस तख़्त के पास हैं
उनके पास बस उनका अकेलापन है
शान से भरा जगमगाता हुआ अकेलापन
जिसे वे ख़ुद भी दूर करने की कोशिश नहीं करते

मेरे जिस अकेलेपन को लेकर चिन्ता
ज़ाहिर की जा रही है वह उस औरत को शादी करके
मिलने वाले उस अकेलेपन से बेहतर है
जिसमें जैसे-जैसे उसके शौहर के हरम में
बीवियों की संख्या बढ़ती जाती है
उसका अकेलापन भी बढ़ता जाता है

* आर्मेनियाई मिर्ज़ा ज़ुल्क़रनैन की विधवा बेटी।
** शाहजहाँ की बड़ी बेटी जहाँआरा।

क्लारा, बात तुम्हारे अकेलेपन की ही नहीं
तुम्हारी जवानी भी तुम्हारे पिता को डरा रही है
गुस्ताख़ी की माफ़ी चाहती हूँ बादशाह बेगम
अकेले रहते हुए जवानी से लड़ना तो मैं आपसे
सीख रही हूँ, आप सल्तनत चलाते हुए
अपनी जवानी से लड़ रही हैं
मैं सल्तनत में रहते हुए उससे लड़ रही हूँ
आप तड़पते हुए जवानी को हरा रही हैं
मैं तड़प याद करते हुए अपनी जवानी को मार रही हूँ

बादशाह बेगम मुझे चैन तो तब मिलेगा
जब मेरे अब्बा की तरह हिन्दुस्तान के बादशाह
आपके अब्बा हुज़ूर आपके अकेलेपन
और आपकी जवानी की चिन्ता करेंगे

मगर उन्हें तो हरम में अकेलापन भोगते हुए
अपनी जवानी सड़ातीं औरतों की संख्या बढ़ाने से मतलब है

बादशाह बेगम इस जहाँ में जितने मुल्क हैं
उन सभी मुल्कों के भीतर अकेलापन भोगतीं
औरतों का मुल्क बसा होता है
और हम दोनों भी एक ऐसे ही मुल्क की बाशिन्दा हैं।

जहाँआरा बेगम*

शहज़ादी बेगम यदि आप औरत की जगह मर्द होतीं
तो चारों भाई पक्के दुश्मन होते आपके
सबसे बड़ी होने के नाते फिर आप ही
दावेदार होतीं हिन्दुस्तान के तख़्त की
और तब अकेली सूरत की बन्दरगाह नहीं
पूरा मुल्क आपके ताम्बूल-पान का ख़र्च उठाता

मगर तब दारा से इस क़दर नहीं पट रही होती आपकी
तब बादशाह के नज़दीक देखकर आपको
शहज़ादे औरंगज़ेब की तरह दारा भी कुढ़ता आपसे
दारा की दानिशमंदी के बरक्स ये औरंगज़ेब का
लगातार कट्टर होते जाना हम देख ही रही हैं

तब ऐसा भी तो होता कोयल,** कि दारा भाईजान को
नहीं घसीटा जाता सल्तनत के कामों में
उन्हें पूरी छूट होती लिखने-पढ़ने और सोचने की
और औरंगज़ेब से तो मैं अपने भाइयों की जगह
दुनिया फ़तह करके लौटने को कहती, कहती
हिन्दुस्तान का तख़्त तुम्हें मुझसे बिना लड़े आख़िरी में मिलेगा

शहज़ादी बेगम आपने अपने दोनों पढ़ाकू
और लड़ाकू भाइयों के बारे में तो सोच लिया
शहज़ादी रौशनआरा और सुरैयाबानू का

---

* तत्कालीन मुग़लिया सल्तनत के काम-काज में भारी महत्त्व और दख़ल रखने वाली शाहजहाँ की बड़ी बेटी।

** जहाँआरा की प्रिय हाजिरा।

क्या करतीं आप, क्या वे आपके रहते भी
इसी क़दर ईरानी शिराज़ियों में डूबी रहतीं

मैं जानती थी कि तुम मुझसे ये बात ज़रूर करोगी
हिन्दुस्तान के तख़्त पर बैठने के बाद
मैं तो शहज़ादियों के लिए सख़्त
अकबर बादशाह के बनाए क़ानून को ही रद्द कर देती
और लाल क़िले से सबकी डोलियाँ उठवा देती

मगर तब मेरी डोली का क्या होता कोयल
तब आपकी कैसी डोली शहज़ादी, आप मर्द होतीं न
दुनिया भर की एक-से-एक ख़ूबसूरत
लौंडियों से भरा होता तब आपका हरम

तब मैं भी आपसे कहती बादशाह हुज़ूर
मेरी ख़ूबसूरती भी आपके हरम की इन लौंडियों से
कम नहीं, इस ख़िदमतगारिनी को भी तो
अपनी ख़्वाबगाह घुमाइए कभी, अपने दिल में
इस हाज़िरा को भी जगह दीजिए ज़रा सी

चल जा...तब मैं तुझ सी बतबनी* की तरफ़
आँख उठाकर भी न देखती

शहज़ादी बेगम तब क्या सचमुच ऐसा करतीं आप
तब तो अच्छा हुआ जो आप मर्द न हुईं
फिर तो आपसे हमेशा लिपटी रहने वाली मैं
छूने तक तरस जाती आपको

तुझे तो अपनी पड़ी है ज़रा मेरी तो सोच यदि मैं मर्द होती
तब बूँदीराज छत्रशाल से मुहब्बत कैसे कर पाती
औरत होकर ही तो मैं उनसे मुहब्बत कर सकी हूँ।

---

* बातें बनाने वाली।

सुरैया बानू*

मुग़ल शहज़ादी होकर मैं हरम में अपने पास
जवाहरात का बढ़ना और हर बरस बाग़ों में
फूलों का झड़ना देखने के लिए पैदा नहीं हुई रौशन बाजी
मैं भी ठीक उसी तरह जीने के लिए पैदा हुई हूँ
जैसे सल्तनत में शहज़ादे और आप जी रही हैं

जीने के लिए मुझे भी वह सब चाहिए
जिसकी ज़रूरत शहज़ादों और आपको होती है
और वह जो हम शहज़ादियों को सल्तनत
देना नहीं चाहती, वह हम पर है कि हम उसे
हासिल करने की कोशिश करें या न करें

जिस तरह शहज़ादे अपने एक हाथ में
चग़ताई शमशीर और दूसरे में औरत का शरीर
थामे रहते हैं, आपकी तरह उनके बरअक्स
अपने एक हाथ में मैं भी लहराता चाबुक और दूसरे में
शीराजी से भरा प्याला थामे रहना चाहती हूँ

पर्देदारी उनके लिए होती है जो इसे
अपने लिए चाहते हैं, जो इसे नहीं चाहते
उनके लिए ये सिवा दिल्लगी के कुछ नहीं

आपकी तरह मेरा मन मुझसे भी पूछता है?
इस तरह खुलकर मरने और छिपकर

---

* शाहजहाँ की अकबराबादी बेगम जिसे अजुमुन्निसा के नाम से भी जाना जाता है से पैदा बेटी। जिसके बारे में प्रचलित है उसने भी रौशनआरा की तरह ख़ूब ऐयाशियाँ कीं।

मुस्कराने के लिए तो नहीं मिला था मैं तुम्हें
ज़रा देखो मैं भी कितनी ज़ोर से धड़कता हूँ
तुमने बाँध रखा है जबकि मैं उड़ता हूँ

जिन्हें कोई सुर्ख़ बताने से नहीं चूकता
ये रंग वही हैं जो हम एक-दूसरे से दूर
एक-दूसरे के कोरेपन में भरती हैं
दिखाई देने वालों को जो हम दोनों पर
अपना एक-सा असर छोड़ते नज़र आते हैं

हमारा शहज़ादी होना ही नहीं, हमारा औरत होना भी
एक-सा है बाजी, मैं आपमें नज़र आती हूँ
और आप मुझमें, अपनी सिसकियाँ
मैं आप में सुनती हूँ और आप मुझमें
मैं आप में रिसती हूँ और आप मुझमें
जीना आप भी जानती हैं और मैं भी।

ख़ुर्शीद बानू*

ख़्वाबगाह में कई औरतों के ख़्वाबों को
ख़ुद बादशाह के हाथों रौंदे जाते देखा उसने

बादशाह के हाथों नुचीं वे औरतें
ताक़तवर भी थीं और कमज़ोर भी
मगर पता नहीं ताक़तवर औरतों ने
अपना लुट जाना अपने मालिकों को
बताया या नहीं, यदि बताया भी
तो उनके मालिकों ने क्या किया?

कमज़ोर औरतों के पास
सिवाय लुटने के कुछ था भी नहीं
वे अपना लुटना किसी को बतातीं
तो और भी लुटती चली जातीं

मगर मैं ख़ुद को ये क्यूँ बता रही हूँ
मैं ख़ुर्शीद बानू तो बादशाह के ख़्वाबगाह की
एक मामूली दारोगा हूँ बस
मुझे इससे क्या कि बादशाह किसी को
ज़बरदस्ती तोड़ें, कुचलें, मसलें
और बाहर फेंक दें ख़्वाबगाह के

मेरा काम तो ख़्वाबगाह के दरवाज़े का
खुलना, बन्द होना देखना और उस पर
अपनी निगाह बनाए रखना है बस

---

* शाहजहाँ के ख़्वाबगाह की मुख्य दारोगा।

मुझे इससे क्या कि उसके भीतर
कोई हँसकर जाए या रोकर, बादशाह के आगे
कोई समर्पण करे या संघर्ष
मेरी आँखों में तो दोनों तरह की तस्वीरें हैं

मगर जंगजू होने से ज़्यादा ये बादशाह
औरतख़ोर है ये तो तुम मानती हो न
डरो मत कोई और नहीं ख़ुद ख़ुर्शीद बानू
ख़ुद से यह पूछ रही है, फिर ख़ुद को
कुछ बताने कहने-सुनने में डर कैसा

ख़ुद को कुछ बताने-कहने में तुम
सुधाकर* या फिर सुन्दर सूरत* के
पाँव तले नहीं कुचली जाओगी

ख़ुद को बताओ कि बादशाह का पेट
मालखोवा** से नहीं...औरत से भरता है

उसके दिमाग़ में हिन्दुस्तान की सीमाएँ
बढ़ाने से ज़्यादा अपने हरम में ख़ूबसूरत औरतों को
शामिल करने की हसरत मचलती है

उसकी निगाह हर वक़्त किसी न किसी
औरत पर टिकी रहती है, ख़ूबसूरत औरत देखते ही
वह ओहदे-रिश्ते सब भूल जाता है
अब इस दुनिया में नहीं रही बेगम शाइस्ता*** की
तो तुम्हें याद है ना ख़ुर्शीद
उसे तुम्हीं ने तो ख़्वाबगाह में अकेला छोड़ा था

---

* सुधाकर और सुन्दर सूरत : मुग़लिया सल्तनत के दो प्रसिद्ध हाथी।

** एक विशेष मुग़लिया व्यंजन।

*** शाहजहाँ के साले शाइस्ता की बेगम जिसके साथ शाहजहाँ ने धोखे से जबरदस्ती की।

जिसने बाहर आते ही ख़्वाबगाह के
ज़रा देर नहीं की अपनी जान लेने में
कि उसके बाद भी बादशाह के आगे उसका शौहर
और ससुर दोनों हाथ बाँधे खड़े रहे।

सवेरा*

मेरा शौहर अभी दफ़्न भी नहीं हुआ
उसकी लाश बीच में रखी है सबके
तब भी तुम्हारी निगाह मुझे नोचे जा रही है
मैं इसे एक हत्यारे का दुस्साहस कहूँ या शहज़ादे का

तुम्हारी निगाह बतला रही है तुम मुझे
अपने शौहर की मौत पर रोने भी नहीं देना चाहते
तुम उसकी लाश पर पैर रखते हुए
मुझे अपने हरम में ले जाना चाहते हो खींचकर

मैं तुम्हें इस वक़्त भी उसकी बीवी नहीं
बस एक औरत का बदन नज़र आ रही हूँ
तुम्हारी इस बेदर्दी पर शर्म से
मेरे गाँव की निगाह ख़ुद के आगे झुकी हुई है
जबकि झुकी तो तुम्हारी नज़र को होना था

तुम नहीं जानते थे कि जिसे तुमने क़त्ल किया
वह मेरा शौहर है, मगर मुझे देखने के बाद
क्या तुम उसे मारने से रह जाते
उसकी जान तो तब भी जानी ही थी

मगर वह जीते जी तो तुम्हें
मुझे अपने साथ ले जाने की नहीं कहने देता
मेरे लिए मरने को तैयार तुम्हारे सामने
अपनी छाती खोलकर वह खड़ा होता

---

* बंगाल में नक्शानवीस रहमत ख़ान के बेटे मुबारक ख़ान की बीवी।

तो उसके पीछे राख में बदलने के लिए
सारा गाँव भी हो जाता खड़ा

तुम्हारी बेहयाई के आगे जिस तरह
मेरे शौहर की लाश, मुझे अपनी
गर्दन तानने को कह रही है
गाँव की गर्दन को भी देर नहीं लगेगी तनने में

वह बस इतना याद रखेगी कि कपड़ों की तरह
अपने जिस्म से म्यान उतारकर
उसके आगे शुजागीर* की शक्ल लिये
जो नंगी तलवार खड़ी है वह ख़ुदा को भूल चुकी है

चले जाओ हत्यारे...यहाँ से चले जाओ
मुझे अपने शौहर की लाश पर अपना सिर पटक लेने दो
मिट्टी होने से पहले मुझे उसे आँख भर देख लेने दो
जाओ इससे पहले कि तुम्हारे तीर मेरे साथ-साथ
मेरे गाँव के सीने को भी रख दें बेधकर...चले जाओ

ऐसा न हो कि तुम्हारे लड़ाकू समझ ही न पाएँ
और इधर से चला कोई ख़ंजर जा धँसे तुम्हारी भी छाती में।

---

* शाह शुजा। बंगाल का सूबेदार। शाहजहाँ का बेटा।

चमनी बेगम*

मुग़लिया बादशाहत गोंड राज्य का ख़ात्मा कर देगी
इस बात की शहज़ादी चमनी को परवाह नहीं कोई
और हृदयशाह** भी गोंड को लेकर अपना भय जा रहे हैं भुलाते

ज़्यादा दिन नहीं बीते जब दकन से बादशाह के
लौटने का इन्तज़ार करते हृदयशाह ने कहा उससे
गोंड इतना बड़ा नहीं कि हिन्दुस्तान की
बादशाहत से टकरा सके सुन्दरदेव पतुरा***

तुम भी मुझे प्रेम करती हो और चमनी भी
और तुम्हारे और चमनी के प्रेम में
भले ही कोई अन्तर न हो, मगर तुम्हारे
और चमनी के बीच अन्तर बहुत है

बादशाहत की नज़रों में वह एक ऐसा हीरा है
जिसे किसी मुकुट में सजना है
और तुम एक ऐसा पत्थर जिसे उस हीरे को
और भी तराशने की ज़िम्मेदारी दी गई है
वह शहज़ादी है और तुम कलाज़ादी
उसने इस्फ़हानी और तुमने कलाकोख से जन्म लिया है

मगर मुझे तुम दोनों ही बराबर से प्रिय हो
जैसे मैं प्रिय तुम दोनों को बराबर

---

* बचपन में ही जिसके माता-पिता का निधन हो गया। जिसका लालन-पालन अर्जुमंद बानों ने किया। अर्जुमंद बानों के चाचा की लड़की।

** कलामर्मज्ञ गोंड राज्य का नरेश।

*** शहज़ादी चमनी बेगम की संगीत उस्तादिन। गोंड राजा हृदयशाह की प्रेमिका।

जैसे तुम दोनों तैयार मुझे बाँट लेने को आपस में
उसी तरह मैं भी तैयार बराबरी से बँटने को बीच तुम्हारे

चमनी का सौन्दर्य मुझे तुम्हारी गढ़ी
ऐसी कलाकृति सा लगता है जिसे कोई कला रसिक
कभी नहीं चाहेगा छोड़ना, फिर मेरे प्रेम में तो
कलाकृति और कलाकार दोनों डूबी हैं
मेरे हाथों में तो कलाकृति और कलाकार दोनों के हाथ हैं

दोनों के प्रेम में बराबर डूबा मुझे भी होश नहीं
कि क्या करने जा रहा हूँ मैं, अपने और राज्य के
भविष्य के प्रति आशंकित मगर प्रेम पर अडिग
रातों-रात मुग़लिया सल्तनत को छकाकर
गोंड राज्य की तरफ़ बढ़ते हम तीनों को हमारा प्रेम
कहाँ ले जाकर छोड़ेगा हममें से नहीं जानता कोई

हो सकता है हमारा प्रेम नया द्वार खोल दे कोई
या हो सकता है आगे के लिए प्रेम के
सब द्वार बन्द कर दे वह, हालाँकि समय ने
प्रेम के द्वार को बन्द नहीं होने दिया आज तक
भले ही उस पर प्रेमियों के कितने ही कटे सिर लटके हों।

लवंगी बेगम*

बेगम साहिबा...क्या पंडित जगन्नाथ
आपके लिए अपना धर्म छोड़ देंगे
मुग़लिया क़ानून तो यही कहता है
कोई हिन्दू किसी मुसलमान औरत से ब्याह करे
तो उसे अपना धर्म छोड़ना होगा

क्या वे आपके लिए अपनी पूजा-आरती छोड़कर
पाँच वक़्त के नमाज़ी हो जाएँगे, सुना है
ब्राह्मण तानसेन भी मुसलमान औरत के
प्रेम में पड़कर ही मियाँ तानसेन हुए

मैं ही क्या सब जान रहे हैं
कि दारालहरी के रचयिता किस क़दर
मोहित हैं आप पर, और यह कोई
एकतरफ़ा भी नहीं, जिसकी आँच
पूरे अकबराबाद** को तपा रही है
उसके शोले दोनों तरफ़ दहक रहे हैं

पता नहीं गुलशन***...पंडित जी
अपने धर्म को लेकर क्या सोचते हैं,
मगर मैं तो, पंडित जी को देखते ही
अपना यवन होना कहीं रखकर भूल जाती हूँ

---

* शाहजहाँ के हरम की एक यवन कन्या। दारालहरी लिखने वाले पंडित जगन्नाथ जिससे मोहब्बत करते थे।

** आगरा।

*** लवंगी बेगम की प्रिय दासी।

मैं देखती हूँ कि मेरे आगे उनका
हिन्दू होना भी कहीं खो जाता है
जबकि कितनी मुहब्बतों ने इस क़ानून को
अपने गले में फंदे की तरह कस लिया

बेगम...शायद मुग़ल शहज़ादियों से
दिल लगाने से भी कई सामर्थ्यवान
इसलिए पीछे हट गए कि उन्हें मुसलमान होने
या फिर उजड़ने को मज़बूर न कर दिया जाए

गुलशन शहज़ादे दाराशुकोह को
हिन्दुस्तान का बादशाह होने के बाद
इस क़ानून को दफ़्न कर देना चाहिए
तब किसी को किसी से ब्याह रचाने के लिए
अपने धरम को नहीं बदलना पड़ेगा
हो सकता है गुलशन...दारा के रहते
पंडित जी को अपना धर्म न बदलना पड़े

मगर मुझे तो सबसे ज़्यादा ख़ुशी
तब होगी, जब अपनी मुहब्बत लिये
आप दोनों अपने-अपने धर्म में बने रहेंगे
या अपना-अपना धर्म त्याग देंगे
वैसे भी हमारे धर्म मुहब्बत से बड़े नहीं हैं।

करीमुन्निसा*

हाज़िरा नाम की पुकार ने कभी उसका
पीछा नहीं छोड़ा, तब भी जब उसके लिए
कई हाज़िराएँ मौजूद थीं महल में

वह कई दफ़े ख़्वाब में ख़ुद को
महजबीं की पुकार पर दौड़ता
और उसके आगे सिर झुकाए खड़ा पाती
वह महजबीं के सामने पड़ने से बचती
उसे हमेशा उसकी आँखों में उसके लिए
हाज़िराओं के लिए जैसी हिक़ारत नज़र आती

इसके बावजूद कि वह अब बेगम थी,
ऐसे शहज़ादे की जिसने कभी उसे उसका
हाज़िरा होना नहीं दिलाया याद
बल्कि हर बार उसने उससे यही कहा, मैं जानता हूँ,
तुमने बहुत कष्ट उठाए हैं नादिरा

वह कहता नादिरा तुम्हें मुझसे
प्यार करने के अलावा कुछ करने की ज़रूरत नहीं
मेरे लिए ही सही मगर मुझे तुम्हारा
काम करना बिलकुल अच्छा नहीं लगता

---

* दाराशुकोह को ब्याही जहाँगीर के तीसरे बेटे परवेज की बेटी। एक इतिहासकार के अनुसार उसे अर्जुमंदबानो की बहन महजबीं की हाज़िरा बनकर रहना पड़ा। विवाह के बाद जिसका नाम नादिरा पड़ा।

मगर दारा की बात पर मन-ही-मन
मुस्काती करीमुन्निसा को अपने हाथों
दारा के काम करना सुख से भर देता, उसे लगता
जैसे वह तब भी दारा से प्रेम कर रही है

इस भय से वह किसी हाज़िरा पर
नाराज़ नहीं होती, कि कहीं कोई जान की
परवाह किए बिना अपनी उससे न कह दे
भूल गई कभी तुम भी हमारे जैसी हाज़िरा थीं एक
याद करो कि तुम्हारे हाज़िरा होने ने तुम्हें तुम्हारा
मुग़लिया शहज़ादी होना भुला दिया था

दारा की आँखें उस रोज़ भर आईं, जब नादिरा को
अपनी हाज़िराओं से कहते सुना उसने
शहज़ादे की बेगम हो गई हूँ तो क्या
शहज़ादी होते हुए भी कभी तुम्हारी तरह
हाज़िरा रही हूँ मैं भी, कभी कोई दुख
या ज़रूरत हो तो मुझे बताने में मत हिचकना

बादशाह की ख़्वाबगाह में बेगमें
हाज़िर और दाख़िल होने का इन्तज़ार ही करती हैं
किसी औरत के हाज़िरा होने में बुराई नहीं

मगर इतिहासकार तुमने ये किस नादिरा का चेहरा
मेरी शक्ल में चिपका दिया लाकर।

मनोरमा*

राणादिल बेगम मुझे लगता है तारीख़ में
आपका क़िस्सा ज़रूर दर्ज होगा, और वहाँ
आपको एक नहीं कई आँखों से जाएगा देखा
जैसे मैं आपको देखती हूँ अब तक

इतना ही नहीं शहज़ादे दाराशुकोह को भी
लोग दानिशमंदी के साथ-साथ
आपकी मुहब्बत की रोशनी भी परखेंगे

तानसेन के ख़ानदान में हुई तो
ऐसी नर्तकी और गायिका हुई राणादिल
कोई यह बताएगा तो कोई यह कहने से
ख़ुद को रोक नहीं पाएगा कि गायिकाएँ तो
कई हुईं अकबराबाद में
मगर जो इल्म राणादिल ने ख़ुद को
गलाकर किया हासिल, उसे कोई रक़्क़ासा
नहीं पा सकी कभी, जिसके चलते
शहज़ादे की मुहब्बत भी मिली उसे

मगर कोयल कोई यह भी तो कहेगा
कि तानसेन का कोई ख़ानदानी सामने आकर
कहता भी तो नहीं कि राणादिल हमारी,
क्या कोई, अपनी सुर-सरिता को
तोड़कर किनारे ऐसे ही बे-पहचान देता है बहने

---

* राणादिल की ख़ास दासी।

माना कि वलीअहद शहज़ादे की
मुहब्बत के चलते सबकी नज़रों में चढ़ी वह
मगर कैसे यक़ीं किया जाए इस पर
कि बादशाह शाहजहाँ के हुक्म पर
शहज़ादे ने ब्याह रचाया उससे
जिसमें शहज़ादी जहाँआरा रहीं शामिल

हो सकता है यह मानने वाले भी कम न हों
कि राणादिल तो शहज़ादे की बेगम
हुई ही नहीं कभी, वह तो क़स्बी थी उसकी
और वही रही हमेशा, शहज़ादे के आगे वह
अपना सिर पटक-पटक कर मर गई
मगर उसने कभी अपनी बेगम नहीं बनाया उसे

तब क्या कभी हैरत से कोई यह भी पूछ भी सकता है
कहीं राणादिल बस अफ़वाह तो नहीं
जो फैलते-फैलते जा पहुँची हो तारीख़ तक
बेगम तब सबके सामने आपके बारे में बताने
तारीख़ ही आकर होगी खड़ी, वही बताएगी सबको

कहेगी...राणा और दारा दो नहीं एक थे इतने
कि उन्हें अलग देख पाना था बड़ा मुश्किल
राणा को देखना चाहने वाला उसे तभी देख सकेगा
जब उसके पास दारा की आँख होगी
सल्तनत और अवाम की आँख से राणादिल
किसी को दिखाई नहीं देगी।

राणादिल*

शहज़ादे, यदि मैं मुग़लों के महताब बाग़ में खिले
काले गुलाब से भी बढ़कर हूँ तब भी
तुम मुझे डाल से तोड़ना और मेरी ख़ुशबू को
अपनी साँसों में भरना तो चाहते हो, मगर मुझे
माला बनाकर अपने गले में पहनना नहीं चाहते

मगर राणा यह क्या कम है कि एक माली की तरह
हिन्दुस्तान का शहज़ादा इस हद तक
तुम्हारी देखभाल करता है कि न तो वह तुम्हें
मुरझाने देता है और न ही झड़ने देता है, उसकी हथेलियाँ
हवा में ही तुम्हारी पंखुड़ियाँ लपक लेती हैं

तब भी मुझे यह मंज़ूर नहीं कि मेरी पाँखों को
छूने वाले हाथ बस किसी और के कहलाते हों
मुझे मसलने वाले हाथों को मेरा भी होना चाहिए

यदि मैं तुम्हें प्रिय इतनी तो मुझे
क्यों नहीं रोपा जा सकता हयातबाग़ में महल के
जिससे मैं और तुम रह सकें आमने-सामने
तुम मुझे दिखाई देते रहो और मैं तुम्हें

एक दिन ज़रूर ऐसा आएगा राणा जब राणाशुकोह
और दारादिल दरबार-ए-आम में मंज़ूरी पाएँगे

---

* अकबराबाद की सड़कों पर नाचने वाली दाराशुकोह की प्रेमिका। जो हर मुलाक़ात में दाराशुकोह से ब्याह करने को लेकर कड़वा बोलती। कुछ इतिहासकारों के अनुसार तानसेन के ख़ानदान में पैदा हुई राणादिल से दारा ने ब्याह किया था। और वह दारा की पत्नी थी।

और फ़तेहजंग की पीठ पर बिठाकर
उनका एक होना बताया जाएगा अवाम को

नहीं शहज़ादे तुम मुझे और भी बहका रहे हो
ये बात मैं जानती हूँ क़लम की तरह
शाहीबाग़ में रोपकर तुम कभी मुझे
वहाँ खिलने का अवसर नहीं दोगे
मैं कभी वहाँ अपनी गंध नहीं बिखेर पाऊँगी

मगर मैं कभी वहाँ खिलने की
अपनी इच्छा मुरझाने भी नहीं दूँगी
काँटों से निकलकर ही फूल शाहीबाग़ तक पहुँचते हैं

शहज़ादे, तुमने भले ही मुझे पूरा पा लिया हो
मगर तुमने मुझे ख़ुद को पूरा सौंपा नहीं है
तुम्हारी सल्तनत में मैं क़स्बी नहीं
तुम्हारे क़ाबिल बनकर रहना चाहती हूँ।

मलिका बानू*

इस्लाम को भले ही शराब मंज़ूर न हो
लेकिन इनसान के लिए यह ज़रूरी है शहज़ादे

हम मुग़लानियाँ ज़नानख़ानों में
बड़े अदब से इसे पीती आई हैं

शुरू में भले ही मुग़ल बराबरी का
दर्जा देते हुए जवानी को हमारी
हमारे साथ पीते हों इसे
मगर एक समय बाद
बराबर से बैठने के लिए
हमारे पास बस यही बचती है

एक तरफ़ बादशाह या फिर
कोई शहज़ादा मुग़ल अपनी नई बेगम के
महल की ओर बढ़ रहा होता है
दूसरी तरफ़ हमारे क़दम
अपनी ओर खींच रही होती है यह

अपने महलों में घूमते ख़ोजाओं के बीच
एक यही होती है जो खीज को
ख़त्म करने में मदद करती है हमारी

---

* मुमताज़ महल की बहन। अकबर की मौसी।

तुम भले ही इसे कभी अपने होंठों को
न छूने दो, मगर इसे छूकर बहकते
होंठों से नहीं बचा सकोगे ख़ुद को

उन होंठों से जिनसे अपने होंठों को
हमेशा लिपटाए रहना पसन्द करोगे तुम
उनकी भी पहली माँग यही होगी
तुमसे इसके लिए इजाज़त

और मुझे यकीं है तुम्हें
जरा हिचक न होगी इसे मंज़ूर करने में

शहज़ादे बातें करते हुए मुझसे
मुझे पीता हुए देखो
शराब पीती हुई औरत को इज़्ज़त देना
वक़्त की इबादत करने की तरह होता है।

दिलरस बेगम*

तुम्हारा यह उलाहना हर बार सही था दिलरस
कि तुम्हें मलिका-ए-हिन्दुस्तान नहीं
मलिका-ए-संतान बनाने के लिए
ब्याह कर लाया गया है ईरान से

संतान भी मुग़ल ज़नानख़ानों में बिना ब्याहे
मर जाने वालीं बेटियाँ नहीं,
तख़्त के लिए आपस में एक-दूसरे को
मार डालने वाले बेटों की शक्ल में

उच्चकुला कोख से तख़्त का वारिस पाने की
मुग़लिया चाहत और अपने ख़ानदान की
श्रेष्ठता का तुम्हारा बखान हमेशा
एक-दूसरे के आगे तलवार ताने रहता खड़ा

ख़ुदा का बंदा ख़ुदा की आँखों जैसी
तुम्हारी दो बेटियों में गुण ढूँढ़ने की जगह
तुममें सिंहासन का वारिस
न जन पाने के लिए दोष खोजता

वह खीजता कि मेरे बाद मेरी तरह
ख़ालिस ख़ून वारिस हो हिन्दुस्तान का
लेकिन मेरी इच्छा तुम नहीं कर सकीं पूरी

---

* औरंगज़ेब की ईरानी बेगम। जिसे अपने उच्च कुल पर बहुत गर्व था।

ग़ुस्से में भरा वह हर बार
ईरानी महल से निकलता तो फिर
महीनों नहीं लौटता देखने कि कैसी दिलरस

मगर ये देखने के लिए तुम जीवित नहीं रहीं
कि ख़ालिस ख़ून होते हुए भी आगे चलकर
तुम्हारे जन्म दिए बेटों में से
तख़्त पर नहीं बैठ सका कोई

तख़्त पर ख़ालिस ख़ून वारिस को बैठाने की इच्छा
रखने वाले बादशाह ने ख़ुद उनमें से नहीं चुना किसी को।

हीरा बेगम*

हीरा अच्छी लगती है
उसका धर्म अच्छा नहीं लगता
मगर शहज़ादे तुमसे होता हुआ मेरा प्यार तो
सीधा तुम्हारे धर्म तक पहुँचता है

जिस तरह तुम्हें नहीं लगता
कि मैं काफ़िर हूँ इस वजह से
तुम्हें मेरे आगे कम झुकना चाहिए
उसी तरह मुझे भी नहीं लगता
कि तुम्हें सौंपते समय ख़ुद को
कुछ बचाकर रखना चाहिए मुझे

जिस तरह तुम्हारा मज़हब अपनी तरफ़
खींचता है तुम्हें, उसी तरह
अपना धर्म भी दिल में रखती हूँ मैं

मैं जिस ख़ामोशी से तुम्हें
अपने मज़हब को लेकर सोचता हुआ देखती हूँ
उसी तरह मेरे धर्म के बारे में भी
नहीं जानना चाहिए तुम्हें
जिस तरह तुम्हें अपने मज़हब का
पालन करते देख मुझे ख़ुशी होती है

* औरंगज़ेब की तीसरी पत्नी। जिसे ज़ैनाबादी बेगम के नाम से भी जाना जाता है। जिसे ज़हर देकर मार दिया गया। जिसके लिए उसने बुरहानपुरी महल बनवाया। सैफ़ख़ान के ज़नानख़ाने की बेहद ख़ूबसूरत दासी।

मुझे भी अपना धर्म निभाते देख
तुम्हें ख़ुशी होनी चाहिए

फिर जब हम एक-दूसरे को
प्यार कर रहे होते हैं, हमें तो
याद भी नहीं आता कि हमारे धर्म अलग हैं
धर्म तो हमें तब याद आते हैं,
जब हमें उनकी याद दिलाई जाती है

शहज़ादे, क्यों न हम प्यार को
अपना धर्म और प्रेम को
अपना परमेश्वर घोषित कर दें
और दोनों पैगंबर हो जाएँ उसके...
पहले पैगंबर...जैसे पहले आदम हौवा

मुझसे अपना धर्म अपनाने की
कहने वाले शहज़ादे मैं तो देखती हूँ
जब तुम मेरे पास आते हो
तो अपना धर्म भूल जाते हो
अपने हाथों में तलवार थामे
जब तुम तख़्त की ओर बढ़ रहे होते हो
तुम्हें अपना धर्म तब याद आता है।

नवाब बाई*

जब तक वह ज़िन्दा रही मुग़लिया ख़ानदान के
हाथों में थमा काफ़िर नाम का चाबुक
पड़ता ही रहा उसकी पीठ पर

उनकी देखा-देखी ज़नानख़ाने के ख़ोजा
और ख़िदमतगारिनी भी उसे
काफ़िर होने का अहसास
कराने का कोई मौक़ा नहीं चूकते

उसके दो बेटों का बाप, शहज़ादे से
बादशाह बना आलमगीर, कभी यह नहीं भूला
कि बादशाह की ज़िद के चलते
एक काफ़िर से ब्याह करना पड़ा उसे

जब भी नवाब बाई उसके आगे
अपना बेगम होना जताती, वह उसका
काफ़िर होना सामने रख देता उसके

चग़ताई हाथों से ज़मीन पर धक्का देकर
गिराई गई बादशाह की बेगम वह
हर वक़्त ख़ुद से कहती रही
सुल्तान को शुजा से मिल जाने के कारण नहीं
मुझ काफ़िर का बेटा होने की वजह से
भेजा गया है शाही क़ैद में, बादशाह
तुम मेरी जगह मेरे बेटे से बदला ले रहे हो

---

* औरंगज़ेब की कश्मीरी हिन्दू पत्नी। सुल्तान और मुअज़्ज़म की माँ।

वह जब भी यह कहकर खीजती
बादशाह देर नहीं करता उसे
हरम से बाहर का रास्ता दिखाने में
मगर मुअज़्ज़म का होना हर बार
अपमान सहने की हद बढ़ा देता उसकी

ता-उम्र दुत्कारी गई वह अपनी आँखों से
यह देखने के लिए नहीं बची कि ख़ुद
उस काफ़िर के बेटे को अपने बाद
बादशाह होने के लिए चुना आलमगीर ने।

हाफ़िज़ा*

ज़नानख़ाने में कमउम्र शहज़ादों ने
नंगी बदन हाफ़िज़ा को पीटा
मगर चाबुक के निशान
हर औरत के बदन पर उभरे हरम की

यहाँ तक बादशाह को भी
अपने गाल पर दिखाई दिए वे

आईने के आगे खड़े आलमगीर ने
जब इन निशानों के बारे में
ख़ुद से पूछा, तो जवाब मिला
शाही ज़नानख़ाने से चलकर
आपके चेहरे तक पहुँचे हैं ये

शहज़ादी से लेकर कनीज़ तक
वहाँ हर औरत जुटी है
अपने बदन पर उभरे इन निशानों को
एक दूसरे से छुपाने में

बादशाह के पैर दबाती आफ़ताब
छुपाने में कामयाब नहीं हो सकी मगर,
उसने देखा आलमगीर के चेहरे
और उसके बदन पर उभरे
निशानों की पहचान एक सी है

---

* मुग़ल ज़नानख़ाने औरंगज़ेब के बेटों आज़म और अकबर की संरक्षिका।

शहज़ादों के चाबुक की मार
बादशाह के ताज तक पहुँच गई

हाफ़िज़ा मिली तो उससे
आलमगीर की तरफ़ से
बस इतना कहा आफ़ताब ने

शहज़ादियों के कहने पर
बादशाह ने भले ही माफ़ कर दिया हो
शहज़ादों को, मगर इसके लिए
उन्होंने ख़ुद को माफ़ नहीं किया है।

ज़ैबुन्निसा*

सीवा** बस माल-असबाब ही लूटता है
किसी दिलवाली को नहीं लूटता

ज़ैबुन्निसा ने जब ज़ीनत से यह कहा
तो वह आस-पास देखते हुए बोली, चुप रहो आपा
किसी ने सुन लिया तो ग़ज़ब हो जाएगा

किसी से लुटने का ख़्बाव देखने वालीं
मुग़ल शहज़ादियों का 'सुखडोला'
सीधे शाही क़ैदख़ाने में जाकर रुकता है

भूल गईं एक बार जब तुमने अन्दाज़ से
सीवा की तस्वीर बनाई थी, तब
अब्बा हुज़ूर ने क्या नसीहत दी थी तुम्हें

तब वे शहज़ादे थे और अब बादशाह हैं
अपने हुक्म से उनके हुक्म को
काट देने वाले, दादा हुज़ूर भी नहीं अब तो

हद तो यह है कि तुमने देखा तक नहीं उसे
बस सुना ही सुना है उसके बारे में
और उस सुने सीवा की इतनी बात
फिर यह मत भूलो कि वह एक काफ़िर है

---

* औरंगज़ेब की कवयित्री पुत्री। जिसने आगरा में क़ैद शिवाजी के पास ज़नानख़ाने के फूलों से भरा टोकरा भेजा। जिसे औरंगज़ेब ने अपने बेटे अकबर की मदद करने के सन्देह में सलीमगढ़ के क़िले में शाही क़ैद में डाल दिया।

** शिवाजी।

अच्छा ज़ीनत एक बात बताओ
सीवा मेरे साथ-साथ यदि तुम्हें भी
लूटकर ले जाने लगे तब तुम क्या करोगी

या अल्ला आपा तुम कैसी बातें कर रही हो
लगता है आज आपकी शायरी
सर चढ़कर बोल रही है आपके

वो सब तो ठीक है, मेरी बात मत भुलाओ
जवाब दो, बताओ तब तुम क्या करोगी

तब मैं यह करूँगी, सीवा के साथ जाती हुई तुम्हें
गले से उतारकर अपना ये सतलड़ा हार पहना दूँगी।

सलोनी*

सलोनी तुम्हें कभी किसी से इश्क़ हुआ है?
किसी की मुहब्बत में दीवानी हुई हो तुम?

शहज़ादी, लगता है आप भूल गईं
ये प्रश्न आपने एक बार
पहले भी किया था मुझसे
तब भी मैंने यही कहा था
हाँ, मैंने इश्क़ किया है और उसकी वजह से
एक कुचले हुए शरीर में
एक टूटा हुआ दिल लेकर रहती हूँ मैं

मगर शहज़ादी आज आप बताओ
क्या आप कभी किसी की
मुहब्बत में पड़ी हैं, इश्क़ नाम के
इस पागलपन को आपने जिया है

हाँ, मुझे अपनी शायरी से इश्क़ हुआ सलोनी
जो अब तक है, और मैं अपनी
मुसव्वरी को बेइंतहा मुहब्बत करती हूँ

शहज़ादी, इस इश्क़ की नहीं,
उसकी बताओ, जिसके बारे में
मैं आपसे पूछ रही हूँ
मैंने तो सुना है कवि-कलाकार

---

* औरंगज़ेब की बेटी ज़ैबुन्निसा बानू की अतिविश्वास पात्र ख़िदमतगारिनी।

बिना इश्क़ के जी नहीं सकते
एक नहीं वे तो दर्जनों मुहब्बतें करते हैं

सुना तो मैंने भी कुछ ऐसा ही है
मगर एक शहज़ादी का शायरा होना
उतना आसान नहीं, जितना शायरी के दम पर
किसी शायरा का शहज़ादी हो जाना

मुझे शायरी ने शहज़ादी बनाया होता
तो मेरे भी ज़िन्दगीनामा में मुहब्बतें दर्ज होतीं
इश्क़ के कुछ बनाव-बिगाड़ चढ़े होते उसमें

शहज़ादी होकर शायरी में इश्क़ लिखती हूँ
तो मुग़लिया तख़्त के पाये हिलने लगते हैं।

ज़ीनतुन्निसा*

बादशाह हुज़ूर को अपने से कम उम्र की
बेगम के महल में जाते देख, ज़ीनत के चेहरे पर
जो रंग उभरते यास्मीन** उन्हें पहचान लेती
मगर इस बारे में कह न पाती कुछ

वह जानती थी कि हरम में शहज़ादियों से
उनके निकाह की बात करना
क़ैद से लेकर चाबुक की मार तक पहुँचना है

उसे यही लगता कि मुग़ल सल्तनत
शहज़ादियों की गोदें शहज़ादों के बच्चों को
पालने के लिए ख़ाली रखती हैं

बादशाह, शहज़ादों और सुल्तानों के ब्याह में
ढोलक की थाप पर नाचतीं, और आने वाली
नई दुल्हनों के लिए दस्तरख़्वान पर
मीठे दीवान प्रसाद चावल लगवातीं
वे ख़ुद को सबकी आँखों में बूढ़ा होता देखतीं

जब बादशाहत, बादशाह की उम्र का
बढ़ना नहीं रोक सकती, तब मनसबदारी
और हरम की अख़्तियारी
शहज़ादियों के चेहरे पर बढ़ने लगने वाली
झुर्रियों को कैसे रोक सकती है

---

* औरंगज़ेब की छोटी बेटी। मृत्यु के वक़्त जो उसके नज़दीक थी।

** ज़ीनत की अतिप्रिय दासी।

मज़हब औरत और दौलत मर्द की
बराबरी हासिल नहीं कर सकती एक बार जब मैंने
यह शहज़ादी से कहा, तब वह बोली

क्या तुम्हें नहीं लगता यास्मीन
हम मुग़ल शहज़ादियाँ, शहज़ादियाँ नहीं,
शाही ज़नानख़ाने की भूतनियाँ हैं
जो सदियों बाद भी इन महलों में
छतों से उलटी लटकी मिलेंगी।

शमीम*

क्या तुम्हें उन दोनों का मज़हब पता है?
जब शमीम बादशाह को इस बात का
जवाब नहीं दे सकी, तो आलमगीर ने
उससे जाने को कह दिया

रौशनआरा तुम्हीं क़ायदा तोड़ोगी
तब तो पूरा मुग़लिया ज़नानख़ाना ही
तबाह हो जाएगा,
औरंगज़ेब मन में बुदबुदाया

ज़ैबुन्निसा और ज़ीनत पर
क्या असर होगा इसका वे दोनों तो
ज़नानख़ाने से ज़्यादा तुम्हारे अख़्तियार में हैं

कोई मुग़लिया शहज़ादी ब्याही नहीं जाएगी
ये हुक्म भी मेरा नहीं बादशाह अकबर का है

सोच में डूबा बादशाह कि इस बारे में
कैसे बात की जाए रौशन आपा से

हो सकता है वह कहे कि अब तो
तुम बादशाह हो, अकबर बादशाह के
बनाए क़ानून को बदल भी तो सकते हो

---

* औरंगज़ेब के शाही ज़नानख़ाने की मुख्य दारोगा।

चलो, मेरी उम्र बीत चली है,
जितना जी सकती थी, जी ली मैं,
अच्छा हुआ, ये ख़बर देर से पहुँची तुम तक

मगर तुम अपनी बेटियों के बारे में तो सोचो
आज मेरी बात तुम तक पहुँची है
हो सकता है कल तुम्हारी किसी
शहज़ादी की ख़बर मिले तुम्हें

मैं जानती हूँ, मुझे सज़ा दिए बिना
नहीं मानोगे तुम, मगर इस तरह तो
तुम्हें हर शहज़ादी सज़ा की हक़दार मिलेगी

वैसे भी हम सभी शहज़ादियाँ
मुग़ल ज़नानख़ानों में सज़ा ही काट रही हैं।

गौहर आरा*

बादशाह हुज़ूर आपकी ये छोटी बहन
आपको भाईजान कहने की इजाज़त चाहती है
वह इस बात का ख़याल रखेगी कि सबके बीच
वह आपको बादशाह हुज़ूर ही कहे

तुम्हें इस बात की इजाज़त है गौहर
तुम्हारे मुँह से अपने लिए भाईजान सुनकर
हमें अच्छा ही लगेगा, अकेले में हम भी
शहज़ादी जहाँआरा और रौशनआरा को
बाजी कहकर बुलाते हैं और अब तो अपनी
सब बहनों के लिए अब्बा हुज़ूर की जगह हम ही हैं

मैं आपसे कहना चाहती हूँ कि आप
जहाँज़ेबबानू और अमलुन्निसा** का ख़ूब ख़याल रखें
उनके दिल में आपका ख़ौफ़ बैठ गया है
जिसे अब आप ही बाहर कर सकते है

सलीमा बानू*** की कम उम्र देखते हुए उसे
हमने अपना लिया है और दोस्तारबानू****
ज़ैबुन्निसा की देख-रेख में है
इन शहज़ादियों ने मुग़लिया सल्तनत का

* औरंगज़ेब की सबसे छोटी बहन।
** दाराशुकोह की बेटियाँ।
*** दाराशुकोह के बेटे सुलेमानशुकोह की बेटी।
**** शाहजहाँ के सबसे छोटे बेटे मुरादबख़्श की बेटी।

कुछ नहीं बिगाड़ा है बल्कि सल्तनत
इन्हें इस मुक़ाम पर ले आई है

हालाँकि हमें इन शहज़ादियों की आँखों में
अपने लिए भारी ग़ुस्सा और तेज़ नफ़रत
दिखाई देती है गौहर, फिर भी हम आपके साथ-साथ
ख़ुद से भी यह वादा करते हैं, हम अपने
मरहूम भाइयों की सभी शहज़ादियों को
अपनी बेटियों से भी बढ़कर समझेंगे

ख़ुदा जानता है हमने कभी किसी मुग़लिया बेगम
या शहज़ादी को मुल्क का तख़्त पाने के लिए
मोहरा नहीं बनाया, रौशन बाजी ने भी हमारी मदद
हमें बादशाह बनाने से ज़्यादा
ख़ुद को बादशाह बेगम बनाने के लिए की है
और वे आज बादशाह बेगम हैं

जहाँआरा बाजी भी बादशाह बेगम बने रहने के लिए
सियासत करती रहीं और मेरी जगह
मुरादभाई हिन्दुस्तान के बादशाह हुए होते
तो आज आप बादशाह बेगम होतीं
मुग़लिया सल्तनत में शहज़ादे हों
या शहज़ादियाँ सियासत सभी करते हैं

मैं आपका मशविरा याद रखूँगा
और अकेले में ही क्यों आप हमें कहीं भी
भाईजान कह सकती हैं, एक बादशाह तो आपसे
ये हक़ वापस ले सकता है मगर एक भाई
आपसे हक़ नहीं छीन सकता।

गुलरुख़बानू*

आपको मेरे अब्बा हुज़ूर की ख़ातिरदारी ठुकराकर
अपने अब्बा हुज़ूर का हुक्म मानना चाहिए शहज़ादे
मत भूलिए दकन के सूबेदार हिन्दुस्तान के
बादशाह हुए तब वली अहद आप होंगे

रंज है, आपको नहीं लग रहा कि आप
भटक गए हैं और ये भटकाव
कहीं का नहीं छोड़ेगा आपको
ये आगे चलकर आपके हिन्दुस्तान का
बादशाह होने और मेरे मलिका-ए-मुल्क
कहलाने के ख़्वाब को रख देगा तोड़कर

आप भूल गए कि किस तरह मुल्क के बादशाह
आपके दादाजान शाहजहाँ आपको
अकबराबाद का क़िला सौंपने को मजबूर हुए
और उनके मुल्क का बादशाह होने के
लालच को ठुकरा दिया आपने

आप चाहते तो आपको उसी वक़्त
मुल्क की बादशाहत मिल सकती थी
मगर तख़्त से दो क़दम दूर खड़े आपके दिल में
अपने अब्बा हुज़ूर के लिए वफ़ादारी बनी रही

---

* बंगाल के सूबेदार शहज़ादे शुजा की बेटी। जिसका रिश्ता औरंगज़ेब के बड़े बेटे मोहम्मद सुल्तान से हुआ। जो शुजा के बहकावे में आकर औरंगज़ेब के ख़िलाफ़ हो गया। जिसका शेष जीवन ग्वालियर और सलीमगढ़ के क़िले की क़ैद में बीता।

मगर यहाँ क्या हुआ शहज़ादे
तख़्त का जो लालच आपको वहाँ नहीं बहका सका
उसने यहाँ आकर आपको डिगा दिया
यहाँ तो यहाँ का भी तख़्त सामने नहीं आपके

आप इतनी लड़ाई में ही थक गए
मगर मैं तो यही सुनती आई हूँ मुग़ल बादशाह हों
या शहज़ादे कभी रुकते और थकते नहीं
मुग़लिया औरतें भी उन्हें ठहरने
और बैठने को नहीं कहतीं,

शहज़ादे मुझे नहीं लगता बंगाल की ताक़त
आपको बादशाह बना सकती है
और मुल्क का बादशाह होने जा रहे
दकन के सूबेदार को हरा सकती है

ये आपने कौन सा रास्ता चुन लिया
इस रास्ते से तो मुझ मुग़लिया बेगम की सहमति नहीं ज़रा
मैं आपको लड़ते और बढ़ते चाहती हूँ देखना

अफ़सोस अपना जोश गँवाते जा रहे
जिस सिर को जंग के मैदान और मुल्क के
तख़्त पर तना हुआ दिखाई देना चाहिए
वह शीराजी के प्यालों के आगे झुका है।

सफ़बी बेगम*

हमारी भलाई इसी में है शहज़ादे कि अब हम
हिन्दुस्तान छोड़ दें, आलमगीर के सिर पर
ख़ून सवार है और वह आपकी जान लेने
और आपके हरम को अपने हरम में
शामिल कर लेने तक चुप नहीं बैठेंगे

जिस पर आपका अख़्तियार
अपने ही उस सूबे में हम उनसे
अपनी जान बचाते भाग रहे हैं,
हम कहाँ तक और कितना भागेंगे
आख़िर में बादशाहत के हाथों आप
बेरहमी से क़त्ल कर दिए जाओगे

हिन्दुस्तान की ज़मीन पर अब औरंगज़ेब को
अपने एक भी भाई की ज़िन्दगी स्वीकार नहीं

आपका सुलह और माफ़ीनामा
कूड़ेदान के हवाले किया जा चुका है
मौत का फ़रमान आपके पीछे छोड़ दिया गया है
सूबा और जान दोनों गँवाने का
अब कोई मतलब नहीं शहज़ादे

---

* शाहजहाँ के बेटे औरंगज़ेब के भाई बंगाल के सूबेदार शहज़ादे शुजा की पत्नी। जो औरंगज़ेब से अपनी जान बचाने के लिए अपना सूबा छोड़कर अपने हरम को लेकर हिन्दुस्तान छोड़कर चला गया।

फ़िलहाल आप अपना सूबा नहीं
अपनी जान और अपना हरम बचा सकते हैं

शुक्र है कि आलमगीर आलम के नहीं
हिन्दुस्तान के बादशाह हैं, ये भी कि
आलम का कोई एक बादशाह नहीं होता
वरना कोई जगह महफ़ूज़ नहीं होती हमारे लिए

मैं आपसे कहती भी थी कि
हिन्दुस्तान के अगले बादशाह तो दक्षिण के
सूबेदार औरंगज़ेब भाईजान ही होंगे
क्योंकि उन्होंने तख़्त तक पहुँचने के लिए
मज़हब का रास्ता चुना है

हिन्दुस्तान के रास्ते चलकर मुल्क के
तख़्त तक पहुँचने से ज़्यादा आसान है
मज़हब के रास्ते ताज हासिल करना

मगर मुल्क के रास्ते सल्तनत हासिल करने में
शमशीर नहीं मुहब्बत की ज़रूरत होती है
आपके दादा अकबर ने मुहब्बत के रास्ते चलकर ही
इस मुल्क को सबसे ज़्यादा अपना बनाया

मगर आलमगीर की राह जुदा है
मज़हबियों ने उसे भरोसा दिला दिया है
कि वही इस मुल्क का ख़ुदा है
आलमगीर...ज़िन्दापीर के लग रहे नारे भी
यही बताते हैं...मगर सच तो यही है
कि उसे अब मज़हब और ख़ुदा दोनों की ज़रूरत नहीं।

जहाँज़ेब बानो*

ज़नानख़ाने में एक वही थी जो कभी बादशाह को
झुककर सलाम नहीं करती, उसके सामने
सिर उठाए खड़ी रहती तनकर, उसे देखकर लगता
जैसे सल्तनत का भय भुला दिया था उसने

इतना ही नहीं, वह कभी बादशाह के आगे
बादशाह के मन की भी नहीं कहती, भुलाकर अदब
वह, वह कहती जो मन में होता उसके

अपने बारे में यह बात बस बादशाह जानता
कि उसकी एकटक निगाह से वह ख़ुद भी डरता है
उसकी निगाह जो हमेशा आलमगीर को
उसके बाप का हत्यारा बताती

जब उसकी बादशाही ख़ुद पर टिकी उसकी नज़रें
झुकाने में नाकामयाब रही, तो उसने
ख़ुद उसके सामने झुकना शुरू कर दिया

वह चाहता था कम-से-कम उसकी निगाह
जिसका सामना करने में वह ख़ुद को
कमज़ोर पाता है, उसे क़ातिल बताना बन्द कर दे

---

* दाराशुकोह की बेटी। औरंगज़ेब की प्रिय बहू। शहज़ादे आज़म की पत्नी। गुलरस बेगम चाहती थी कि जैबुन्निसा का विवाह दाराशुकोह के बेटे से हो जाए। जिसके लिए शहज़ादे औरंगज़ेब ने मना कर दिया था।

जिसके चलते गुलरस बेगम को किये
इनकार को भी भुला दिया उसने
और बेटे की बहू बनाकर ले आया उसे घर

मगर लाडली बहू होने के बाद भी आलमगीर की
जहाँज़ेब की उन नज़रों ने उसे जिनसे वह
बचता रहा हमेशा, बर्बर बताना नहीं छोड़ा

काश! ज़नानख़ाने में एक के बाद एक बूढ़ी होकर मरतीं
शहज़ादियों ने भी बादशाहों को
अपनी निगाहों के कठघरे में खड़ा किया होता
उन्हें अपना रक़ीब बताया होता, तब हो सकता है
मुग़ल महलों से उनकी भी डोलियाँ उठ गई होतीं।

मुनव्वर बाई* और इंद्रा कुमारी**

बादशाह बेगम आपसे हमारी फ़रियाद है
बादशाह हुज़ूर से कहकर आप हमारे शौहर को
शाही क़ैद से आज़ाद करा दें

इसमें शहज़ादे का कोई क़ुसूर नहीं
मुहम्मद सुल्तान की तरह वे भी
अपने अब्बा हुज़ूर के हुक्म का पालन कर रहे थे

शहज़ादे सुल्तान की तरह अपने अब्बा हुज़ूर के
हुक्म को ठुकराया भी नहीं उन्होंने
मुल्क के तख़्त को पाने की बात
तो कभी नहीं सुनी हमने उनके मुँह से

क्या एक बेटे को अपने वालिद का हुक्म
ठुकरा देना चाहिए, आपसे हमारी इल्तिजा है
दोनों को एक नज़र से न देखा जाए

बचपन में आपकी मुहब्बत पाने वाले
हमारे शौहर, बहादुर हैं, ये तो आप भी कहती हैं
बादशाह हुज़ूर चाहें तो उन्हें
अपनी सल्तनत की ढाल भी बना सकते हैं

---

* दाराशुकोह के बड़े बेटे सुलेमानशुकोह की बेगम। शाहजहाँ के वज़ीर जाफ़र ख़ाँ की भतीजी।

** मिर्ज़ा राजा जयसिंह की भांजी और राव अमरसिंह राठौर की बेटी। सुलेमानशुकोह की बेगम।

हमें उम्मीद है अपने अब्बा के लिए
जान लड़ा देने वाले शहज़ादे आलमपनाह के लिए भी
अपनी जान देने में नहीं हिचकेंगे

बादशाह भाईजान सुलेमानशुकोह की दोनों बेगमों ने
अपनी फ़रियाद में यही सब कहा मुझसे

नहीं, रौशन बाजी अपना काम कर चुके
ज़हरीले ख़ंजर को होंठों से चूमना अक्लमंदी नहीं
उस पर ज़हर लगा ही रह जाता है

अपने काफ़िर भाईजान से निजात पाने में
आपने हमारी कितनी मदद की ये हम जानते हैं
आपने हमें तख़्त तक पहुँचाने के लिए
ख़ुद को सीढ़ियाँ बना लिया, हम नहीं चाहते
हमारे रहते उस तख़्त तक पहुँचने की
सोचने वाला कोई ज़िन्दा रहे, हमें उम्मीद है
इसके लिए भी आपकी हाँ होगी

मुग़लिया हरम अनाथ शहज़ादियों
और बेवा बेगमों का बेहतर ख़याल रखता आया है
हरम की मिल्कियत भी आपके पास है

हमारे दिल में जब अपने बेटे के लिए
माफ़ी नहीं तो हम अपने काफ़िर भाई के
बेटे को कैसे माफ़ कर सकते हैं

रौशन बाजी, अब आप बादशाह बेगम हैं
और हम मुल्क के बादशाह
हमें अब दुश्मन की फ़रियाद के आगे नहीं
बस, ख़ुदा की इबादत में झुकना चाहिए।

मेहरुन्निसा*

ज़ैबुन्निसा** आपा क्या आप कभी
अब्बा हुज़ूर की क़ैद से आज़ाद नहीं हो पाएँगी
क्या आप भी सुल्तान भाईजान की तरह
सलीमगढ़ के क़िले में दम तोड़ देंगी
और सज़ा भुगतने के मामले में
शहज़ादे और शहज़ादी के बीच का भेद मिटा देंगी

आपकी और किसी मुग़ल शहज़ादे को
दी जाने वाली सज़ा में कोई अन्तर नहीं
बमुश्किल बादशाह हुज़ूर से
हुक्म हासिल कर मैं जब भी
आपसे मिलने आती हूँ मुझे यही लगता है

आपके पास आते समय मुझे
इस बात से भी जूझना पड़ता है
कि मैं अब्बा हुज़ूर के हुक्म से
आपकी थाह लेने आती हूँ
और उनके लिए ख़ुफ़ियागीरी में मुब्तिला हूँ

अपने जिस भाई की वजह से आप यहाँ
इन सलाखों के पीछे आ पहुँची हैं
वह तो मुल्क छोड़कर जा चुका है

---

* औरंगज़ेब की बेटी जिसका 1705 में निधन हुआ।

** औरंगज़ेब की बड़ी बेटी। जिसे औरंगज़ेब ने शहज़ादे अकबर का साथ देने के सन्देह में सलीमगढ़ के क़िले में क़ैद कर दिया।

उसे इस बात की कोई फ़िक्र नहीं कि
उसके कारण तुम्हें बादशाह हुज़ूर की
दी गई सज़ा ने मौत के मुँह में धकेल दिया है
और तुम इस सख़्त सज़ा को बर्दाश्त
कर पाने के क़ाबिल भी नहीं हो

मेहरु मुझे एक ऐसे ख़्वाब की सज़ा
दी जा रही है जिसे मैंने नहीं मेरी आँखों में
हिन्दुस्तान की बादशाहत ने देख लिया
इससे पहले मैं उसे अपनी आँखों में ढूँढ़ पाती
मुझे इस हाल में पहुँचा दिया गया

मैं चीख़ती ही रह गई कि मैंने कभी
बादशाह बेगम होने के बारे में नहीं सोचा
मगर मेरे बारे में मेरे हिस्से का सोच लिया गया
मैं औरत हूँ तो मेरे बारे में सब जान लेना
आसान है सल्तनत के लिए

क़ैद में पड़े-पड़े सोचती हूँ काश
मैं शहज़ादी की जगह शहज़ादा होती
तो तख़्त की दावेदार कहलाती
तब सज़ा भुगतती मुझे सब्र तो होता
कि सल्तनत के रास्ते में सज़ा भी पड़ती है
तख़्त तक पहुँचने का रास्ता
सलाखों के पीछे से भी होकर गुजरता है

मुग़ल शहज़ादी को बादशाह पिता
और शहज़ादे भाई में फ़र्क़ समझ आना चाहिए
वरना शहज़ादी हो या शहज़ादा
सल्तनत रहम करना भूल जाती है।

सफ़िया*

बादशाह हुज़ूर, जब आप मुझे इतना चाहते रहे
तो एक के बाद एक, क़िले छुड़ाने के लिए
मराठों से लड़ते आपने, मुझे छुड़ाने की
कोशिश क्यों नहीं की राजपूतों से,
आप मेरे लिए भी तो उनसे लड़ सकते थे

क्या अब्बा हुज़ूर के लिए बढ़ती आपकी नफ़रत
बढ़ते-बढ़ते पहुँच गई हम तक, जिसके चलते
आपने ख़बर तक नहीं ली हमारी

मुग़ल शहज़ादी, तुम्हारे दादा हुज़ूर
आलमगीर बादशाह हैं, हिन्दुस्तान के,
राजपूताने में जब लोग हमसे यह कहते,
उलटकर हम उनसे पूछतीं, मगर उन्होंने कभी
कोशिश तो नहीं की हमें बुलाने की

हमें पता है कि उन्हीं की वजह से
हमसे दूर हमारे अब्बा ईरान में हैं,
और शाही क़ैद भुगत रही हैं बुआ ज़ैबुन्निसा

जब हम वहाँ से चले पूरे राजपूताने ने
बेटी की तरह विदा किया हमें
उस राजपूताने को छोड़कर

* औरंगज़ेब के चौथे पुत्र अकबर की बेटी। जिसका बचपन और किशोरावस्था राजपूताने में दुर्गादास राठौर के यहाँ बीता।

जिसने अपनी बेटियों से भी अच्छी परवरिश की हमारी
हम आना भी नहीं चाहती थीं

मगर राजपूताने ने ही यह कहकर समझाया हमें
बेटी, मेवाड़ में तुम हो तो मुग़लिया अमानत ही
जब आपके दादा हुज़ूर ने बुलाया है
तो एक बार जाकर देख लो, न रह सको
तो ख़बर कर देना, तुम्हें वापस लाने के लिए
आलमगीर से एक लड़ाई और लड़ लेंगे हम।

छतरबाई*

नमाज़ का पक्का शहज़ादा मुहब्बत का भी पक्का होगा
हीराबाई से बदले जाने से पहले यही मानती रही मैं
वह ख़ुद के बारे में कहता भी था मुझसे—
औरंगज़ेब इस्लाम और अपनी बात का पक्का है

तुम्हारी नज़दीकी उसमें और भी इज़ाफ़ा करती है
तुम्हारी मुहब्बत साथ होगी तो मुझे ईमान से
कोई नहीं डिगा सकेगा, तुम्हारी मुहब्बत भी
किसी इबादत से कम नहीं मेरे लिए

दकन में चर्चा यूँ ही नहीं कि इन दिनों
तुम्हें मुहब्बत करने के अलावा कुछ नहीं करता मैं
मगर यह तो तुम हो कि मुझे मुहब्बत करने
और नमाज़ पढ़ने से नहीं देतीं चूकने
डरता हूँ कि कहीं तुम्हें किसी की नज़र न लग जाए

तब मैं कहती तुम्हीं तो कहते हो कि चाँद को
तो बस चाँद की ही नज़र लग सकती है, और मैं
तुम्हारा चाँद हूँ, फिर मैं ख़ुद को
अपनी ही नज़र कैसे लगने दूँगी

मगर जिस रोज़ मेरे बदले हीराबाई के
शहज़ादे के हरम में आने और उसके बदले मेरे

---

* औरंगज़ेब की ख़ास कस्बी। जिसे ख़ानदेश के हाकिम सैफ़ख़ान ने हीराबाई के बदले हासिल किया।

सैफ़ख़ान के हरम में जाने का हुक्म सुनाया गया मुझे
आसमान से सारे तारे टूटकर मुझ पर गिर पड़े

मैं समझ गई चाँद इस ज़मीन पर
हम ख़ूबसूरत औरतों को दिए जाने वाला ख़िताब है बस,
जिसे एक औरत से छीनकर दूसरी को
या एक ही समय में कई औरतों को दिया जा सकता है
ज़मीन पर हर समय कई मर्द कई औरतों के
चेहरों पर तमग़े की तरह सजा रहे होते हैं इसे

सारे जड़ाऊ जेवरात और सोने के काम वाली पोशाकें
जो शहज़ादे ने मँगवाकर दीं, जिन्हें पहने देखकर
शहज़ादा पगला जाता, मुझे काटने दौड़ रही हैं
अपनी ही बाँदियों के आगे झुक गई है मेरी नज़र

एक हुक्म ने शहज़ादे की महबूबा से
हाकिम की कस्बी बना दिया मुझे, औरतो...मर्द चाहे
शहज़ादा ही क्यों न हो यदि वह तुम्हें
मुहब्बत का यक़ीं दिलाए तो उस पर बस मुस्करा देना
और ख़ुद को उस रोज़ के लिए तैयार रखना
जिस दिन से वह तुम्हें ठुकरा दे या फिर
तुम्हें किसी दूसरी औरत से बदल ले मेरी तरह।

सकीना बेगम*

ग्वालियर जाती हुईं सबको बस तुम दिखाई दे रही हो सरस**
मगर सच तो यह है कि तुम्हारी शक्ल में
तुम्हारे साथ जा रही हूँ मैं भी
और तुम्हारे साथ जाती हुई मैं
जाते हुए बस दिखाई दे रही हूँ ख़ुद को
शहज़ादे हुज़ूर से मिलने को बेताब मैं सरस हो गई हूँ

सरस वहाँ मेरे हज़रत की बाँहों में अकेले मत समाना
मुझे भी शामिल किए रहना और ये तभी हो सकेगा
जब तुम सकीना को भी
अपने बराबर अपने भीतर बनाए रखोगी

अब मैं वहाँ तुम्हारी आँखों से अपने हज़रत को देखूँगी
तुम्हारे कानों से सुनूँगी तुमसे उनका कहा
तुम्हारे बदन से अपने क़रीब महसूस करूँगी उन्हें

शहंशाह आलमगीर ने तुम्हें शहज़ादे हुज़ूर के साथ
ग्वालियर क़िले में रहने की इजाज़त दे दी है
काश...तुम्हारे साथ-साथ ये इजाज़त मुझे भी मिली होती
तो मैं भी तुम्हारी तरह तैयारियों में जुटी होती
क़ैद में दिन बिताते अपने हुज़ूर से मिलने की

---

* शाहजहाँ के सबसे छोटे बेटे गुजरात के सूबेदार शहज़ादे मुरादबख़्श की बेगम।

** शहज़ादे मुराद की प्रेमिका। जिसे औरंगज़ेब ने ग्वालियर के क़िले में क़ैद मुरादबख़्श के साथ रहने की इजाज़त दी।

हालाँकि सरस अब इस बात को हज़रत से कहने का
कोई मतलब नहीं कि मैंने उनसे तब कितना कहा
कि हुज़ूर...मुझे औरंगज़ेब भाईजान की इस कोशिश पर
क़तई यक़ीन नहीं कि वह आपको वाक़ई में
हिन्दुस्तान का बादशाह बनाना चाहते हैं

मैं औरंगज़ेब भाईजान द्वारा भेजे जा रहे क़ीमती तोहफ़ों
मोती, जवाहरात और अशर्फ़ियों को
हाथों-हाथ लौटा देना चाहती हूँ
आप भले ही न देख पा रहे हों मगर दकन के
शहज़ादे की आँखों में मुझे फ़रेब दिखाई दे रहा है

शहज़ादे औरंगज़ेब की दी बादशाह हुज़ूर की मौत की
झूठी ख़बर पर यक़ीन कर, ख़ुद को बादशाह बता,
अपने नाम का ख़ुतबा पढ़वा और अपने नाम के
सिक्के ढलवाकर, आपने ठीक नहीं किया हज़रत
यहाँ तक कि औरंगज़ेब भाईजान के कहने पर
आपने जहाँआरा बाजी के हक़ सूरत को भी लूट लिया

ये सब वही बातें थीं सरस जो 'नक़ी'* ने
शहज़ादे के आगे की थीं जिन्हें समझने की जगह
शहज़ादे ने गर्दन उड़ाकर रख दी उसकी

तब मैंने भी यही सब कहते हुए हुज़ूर से कहा था
यदि मेरी समझाइश भी आपको बुरी लग रही हो
तो आपकी शमशीर के सामने मेरी गर्दन भी झुकी है।

---

* सैयद अली नक़ी शहज़ादे मुराद ने औरंगज़ेब के बारे में समझाइश देने पर जिसका क़त्ल कर दिया।

रसबाई*

इस क़िले की क़ैद से हमें कभी आज़ादी नहीं मिलेगी शहज़ादे
हम अब कभी दकन नहीं लौट सकेंगे

शायद कभी नहीं सरस, हमारी क़ब्रें कहाँ बनेंगी
पता नहीं, मगर मुझे लगता है हमारी मौतें इसी क़िले में होंगी
ये क़िला दूर से ज़िन्दगी जीता भले नज़र आता हो
मगर ये एक मुग़लिया मौतघर से ज़्यादा कुछ नहीं

हो सकता है हमें मौत का इन्तज़ार करने दिया जाए
या मौत से पहले ही मुग़ल तख़्त गर्दन काट कर रख दे हमारी
पोस्त के शर्बत** ने सब भुला दिया था मुझे,
तुम चली आईं तो कुछ यादें खुरच गईं मेरे भीतर

क्या ज़रूरत थी तुम्हें मेरे साथ मौत चुनने की
चिल्लाने दिया होता मुझे अकेले
चीख़ने दिया होता मुझे ले-लेकर तुम्हारा नाम
तुमने अनसुनी क्यों नहीं की आख़िर

यहाँ अब मेरे पास जिसे तुम्हें किया करता था मैं
वह मुहब्बत नहीं बची, उसने भी मेरा आख़िरी बनकर
मेरी सूरत पर क़ब्ज़ा कर लिया है
और यहाँ पहुँचकर तुम्हारा हाल भी वही है

---

* दकन में शाहजहाँ के बेटे मुरादबख़्श की प्रेमिका जिसने औरंगज़ेब से ग्वालियर क़िले में क़ैद मुराद के साथ रहने की प्रार्थना की जिसे उसने मंज़ूर किया।

** अफीम का पानी जिसे लगातार शाही क़ैदियों को और शहज़ादों को पिलाया जाता है जिससे वह ख़ुद को भुला दें, विक्षिप्त हो जाएँ।

आलमगीर ने तुम्हें यहाँ मेरे साथ रहने की इजाज़त
इसलिए नहीं दी कि वह हीराबाई से
अपनी मुहब्बत को नहीं भुला सका अब तक
बल्कि इसलिए हुक्मनामा जारी किया उसने
कि जिसे तुम हिन्दुस्तान का बादशाह होता
देखना चाहती थीं, उसे हिन्दुस्तान के ही
बादशाह की क़ैद में दम तोड़ता देख सको

क्या शै है ये मुहब्बत भी जो आदमी के बीच से
ज़िन्दगी और मौत का फ़ासला मिटा देती है
जिसमें मिटने चली आईं तुम भी, तुम नहीं आतीं
तब भी हमारे बीच से मुहब्बत नहीं मिटती

यहाँ दहलीज़* से आगेराह** होकर ग्वालियर पहुँचती सड़क
चलकर क़िले की पहरेदारी तक ऐसा कोई फ़रमान
नहीं आने वाला, जो हमें एक बार फिर से दकन पहुँचा दे
मैंने भुला दी है तुम भी मेरे साथ रहते यहाँ से
आज़ाद होने की राह भूल जाओ

मुग़लिया सल्तनत में हिन्दुस्तान की मिल्कियत चाहने
और मुहब्बत माँगने वाले दोनों को
मौत का मुँह देखना पड़ता है, जो मुझे तुम्हारे
और तुम्हें मेरे चेहरे में साफ़-साफ़ दिखाई दे रहा है

जिन राग-रागिनियों ने हमें मिलाया
और मुहब्बत करना सिखाया, वे हमें यहाँ
मियाँ तानसेन की क़ब्र तक ले आई हैं

आलमगीर जब देना चाहे तब हमें मौत दे-दे
मगर वो इतना करे हमें यहीं गौस
और तानसेन के बीच दफ़्न कर दे।

---

* दिल्ली।

** आगरा।

उदेपुरी बेगम*

मुझे तो बादशाह की बेगम होना ही था
दारा बादशाह हुआ होता तो उसकी...वह नहीं रहा
तो अब आलमगीर की बेगम हूँ मैं

रौशनआरा के इस तंज का, कि उदेपुरी बेगम
बादशाह औरंगज़ेब के ज़नानख़ाने में
तुम मेरी वजह से हो, का जबाव देते हुए जब उदेपुरी
उससे यह कहती कसमसाकर रह जाती वह

उदेपुरी से आलमगीर की बेगम होने की
मिन्नतें करने वाली रौशनआरा ही
पहली शिकार बनी उसकी
जब उसने पहली ही रात बादशाह से
ज़नानख़ाने की हुकूमत माँग ली
जिस पर रौशन का अख़्तियार था अब तक

उस रौशन का जिसने औरंगज़ेब को बादशाह
और उदेपुरी को उसकी बेगम
बनाने के जतन किए कितने
औरंगज़ेब ने नहीं, ये ख़्वाब सबसे पहले
उसने देखा कि उदेपुरी बेगम हो उसकी

नवाबमहल को होशगुम आलमगीर को देखने से
रोकने और काफ़िर कहते हुए उसे

---

* मध्य एशिया से आई दाराशुकोह की अतिप्रिय दासी। कुछ इतिहासकारों ने उदेपुरी को दाराशुकोह की बेगम भी बताया है। औरंगज़ेब की पत्नी। जॉर्जिया की श्वेतलाना।

दरवाज़े से ही धक्का देकर फ़र्श पर
गिरा देने वाली रौशनआरा भी एक झटके में
बाहर धकेल दी गई हरम की मिल्कियत से

उदेपुरी के हुस्न के पैनेपन ने आलमगीर की
आपा की ज़िन्दगी को दो हिस्सों में
रख दिया बाँटकर जिसके एक तरफ़
शाही क़ैद की सलाखें थीं तो दूसरी तरफ़ हज
और इन दोनों में से किसी एक को चुनना था उसे।

लालकुँअर*

मेरे नाम के सिक्के चलन में आकर
जब अवाम के हाथों में पहुँचे
उनके बीच क्या-क्या चर्चा न चली

मुद्रा पर नाचने वाली का नाम मुल्क की
कि बादशाह ग़ुलाम हुआ मेरा
कि मैं लालकुँअर मलिका हुई वतन की

हम तक ख़बरें पहुँचतीं हमारी
हम ज़ोरों से हँसते, इतनी कि हँसी
सुनाई देती कोने-कोने में मुल्क के

जब मेरे दिल पर राज तुम्हारा
तो मुल्क पर भी राज तुम्हारा
इस मुल्क का बादशाह मैं मेरी बादशाह तुम

सिंहासन पर बैठकर दिखाओ मेरे,
मेरी तरफ़ से फ़रमान करो ज़ारी
नाम हिन्दुस्तान के, वह कहता

हम दोनों के मुहब्बत करने का ढंग
कुछ ऐसा ही था, जिसमें शामिल किए बिना
नहीं रह सकते थे हम अवाम को

---

* जहाँदारशाह की रखैल जिसे ख़र्च के लिए सालाना 2 करोड़ मिलते थे। सन् 1712।

मगर मुल्क को लगता बादशाह ने
सिर पर रखकर मेरे अपनी टोपी
रहना शुरू कर दिया क़दमों में मेरे

जिसे बेशर्म कहा गया
हमारी वह बेपर्दा मुहब्बत
जिसमें बरबाद हुए हम दो
लिहाज न करती बीच पहुँचने में अवाम के

मगर अवाम सारा दोष उठाकर
धर देता सिर पर मुझ रखैल के।

नूर बाई*

इससे पहले मुझे हमेशा यही लगता रहा कि दिल्ली
तो मुग़ल बादशाह और उसके वज़ीरों की है
जिसके हाथों में तलवार है उसकी है
दिल्ली तो उसी के आगे अपना सिर झुकाती है
जो मुल्क के तख़्त पर सवार होता है

मगर जिस रोज़ नादिरशाह तख़्ते-ताऊस
और कोहिनूर के साथ-साथ लूटकर
ले जाने लगा मुझे भी दिल्ली की आँखें
आँसुओं से भर गईं, पहली बार मुझे लगा
दिल्ली बस बादशाह की ही नहीं मेरी भी है

पैरों में बँधे अपने घुँघरुओं के दम पर
दिल्ली पर अब तक मेरा भी राज रहा
दिल्ली की रियाया के लिए मेरे गले से
फूटते सुर मेरे हुक्म जैसे और मेरा
दिखाई दे जाना उनके लिए झरोखा-दर्शन

ग़ज़ब तो यह कि इसकी मुझे ख़बर न थी ज़रा
मेरी ज़िन्दगी भी बादशाहत की तरह मस्त दरबार में
उसकी तरह मुझे भी होश नहीं अपने उजाड़ का

---

* मुग़ल बादशाह मुहम्मदशाह के दरबार की अत्यंत रूपसी नर्तकी। जिसे ईरान का बादशाह नादिरशाह लूट के सामान के साथ-साथ ले जाने लगा तो दिल्ली रो पड़ी।

शहज़ादियों और बाँदियों के साथ लौटते हुए
नादिर शाह के क़ाफ़िले में शामिल मुझे
ख़बर लगती गई मेरे लिए ग़म में डूबी दिल्ली की
पता चलता गया कि अपनी एक नर्तकी से
कितनी मुहब्बत जिससे बहुत दूर
ले जाया जा रहा मुझे उस दिल्ली को

जब नादिरशाह तक पहुँची इल्तिजा
कि दिल्ली की रियाया के मुझ कोहिनूर को
बख़्श दे वह, उसने मुझे बुलाकर
कहा...दिल्ली के लिए मैं कुछ भी
नहीं छोड़ सकता...कुछ भी...नूर भी नहीं

एक नूर ही तो है जिसके बारे में
कहा जाएगा मुझसे नूर को छोड़ आए
बादशाह ये लूट फीकी है तुम्हारी
अब से तुम दिल्ली की नहीं मेरी हो मेरी
मुहम्मदशाह की नहीं नादिरशाह की हो

तब मैंने भी सलाम बजाते हुए जबाव दिया
बादशाह मैं जानती हूँ कि अब से
मैं बस तुम्हारी हूँ, मगर तुम मेरे साथ-साथ
मेरे लिए दिल्ली के बहते
आँसुओं को भी लूटकर लिये जा रहे हो

और मेरी गुज़ारिश यह है कि मेरी आँखों में
दिल्ली के इन आँसुओं को हमेशा
बने रहने देना, वादा चाहती हूँ बादशाह
कि मेरी आँखों से कभी इन्हें सुखाने की न कहना।

ज़ीनत महल*

मुग़ल सल्तनत की इस हालत के लिए
तुम ज़िम्मेदार हो मीरबख़्शी
उसका बादशाह तुम्हारी नज़रबंदी में है
तो उसकी माँ तुम्हारी क़िलाबंदी में
तुम्हारी जकड़बंदी में
मुग़लिया सल्तनत कसमसा रही है

क्या वह अपने वज़ीर पर भरोसा करने की
क़ीमत चुका रही है, दिल्ली में तो
तुम्हारे कान से दूर लोग यही फुसफुसाते हैं
मगर अवाम की यह खुसुर-फुसुर
मेरे कानों तक पहुँच जाती है

अवाम समझ चुकी है कि वज़ीर ही
अब बादशाह है, तुम ख़ुद को भले ही
बादशाह न कहते हो मगर
दूसरे के मुँह से अपने लिए
बादशाह सुनना तुम्हें अच्छा लगता है

क्या तुमने इन दिनों बादशाही तेवर
नहीं अपना रखे हैं, मुग़ल बादशाह से नहीं
मुग़ल सल्तनत को लेकर अब फ़िरंगी
और दुर्रानी सब तुमसे बात करते हैं

---

* आलमगीर द्वितीय जिसका ग़ाज़ीउद्दीन ने क़त्ल किया की पत्नी। आलमशाह की माँ जिसे नजीबुद्दौला ने दिल्ली में नज़रबंद करके रखा।

सल्तनत के सब वज़ीर हुक्म के लिए
लाल क़िले और उसके तख़्त से दूर
बादशाह के नहीं रुहेलखंड और
तुम्हारे आगे अपना सिर झुका रहे हैं

तुम लाख इनकार करो मगर अब
सच तो यह है कि दिल्ली की दौलत
रुहेलखंड जाकर बसती जा रही है

बेगमों शहज़ादों और शहज़ादियों के
बटुए ख़ाली होते जा रहे हैं, वे ख़ाली न हों
इसकी कोई फ़िक्र नहीं तुम्हें

क़ीमती पोशाकें और जवाहरातों ने तो
पहले ही विदा लेना शुरू कर दिया था उनसे
जिसके बारे में उन्होंने सुना तक नहीं
उस फ़ाक़ाकशी को देर नहीं उन तक पहुँचने में

मगर तुम्हारी क़ैद में उनकी बेहाली
मुझसे देखी नहीं जाती, बेगमें और शहज़ादियाँ
आपस में अपनी चोटियाँ बाँधकर
जमुना में डूब मरना चाहती हैं

नजीबुद्दौला, मुझे लगता है इस बची हुई
मुग़ल सल्तनत को तुम उस मुकाम पर
ले जाकर छोड़ोगे...जहाँ से लौटकर वह अपनी
पुरानी ताक़त कभी हासिल नहीं कर सकेगी।

हाफ़िज़ा बानू*

तुम्हें लूटकर ले जाते समय जिस तरह मैंने
छोड़ देने की तुम्हारी गुज़ारिश को ठुकरा दिया
ठीक उसी तरह मेरे बदन में बढ़ती सड़न भी
मेरी गिड़गिड़ाहट पर ध्यान नहीं देती

वह भी ठीक मेरी तरह मुझे देखकर हँस देती है
मेरे चंगुल से बच निकलने की
तुम्हारी छटपटाहट को नीचा दिखाती
मुझे अपनी उस दिन की हँसी अच्छी तरह याद है

हरम में ख़ूबसूरत और जवान औरतों की
कमी न थी मेरे, इसके बावजूद मैंने तुम्हें
रुहेलों से छीनकर ले जाने की कोशिश की

एक हाथ में दौलत और दूसरे में
तलवार लिये तख़्त पर सवार मुझे लगता
औरत का जिस्म भी मेरी सल्तनत है
और इसकी सरहद जितनी फैले
मुझ मर्द के लिए वह उतनी बेहतर

जब अवाम सल्तनत की ज़मीन और मैं
औरत का जिस्म नाप रहा होता
मुझे लगता अस्ल अर्क़ तो

---

* रुहेला सरदार हाफ़िज रहमत की लड़की। जिसे अयोध्या का नवाब शुजाउद्दौला लूटकर ले जा रहा था। उस पठान कन्या ने उसके बिष बुझी छुरी घोंप दी और दूसरी छुरी से ख़ुद को मार डाला।

औरत के जिस्म में ही बनता है
जिसका नशा नाम नहीं लेता उतरने का

औरत के जिस्म की बढ़ती जाती चाहत
कभी मिटती भी है, हर वक़्त उसे
अपने जिस्म में घोलने को तैयार
मर्द का जिस्म, कभी हारता भी है

जंग मुझे जीत से दूर धकेल सकती है
मगर हासिल करते वक़्त औरत का शरीर
मुझे इस हद तक पराजित कर सकता है
इसका तो मुझे गुमान तक न था

तख़्त के अदब में दर्द सिर नहीं झुकाता
दौलत ख़ज़ाने की तरह घाव नहीं भर पाती
तलवार नहीं काट पाती ज़ख़्म का सिर

किसी और से नहीं मगर ख़ुद से
तो अपनी कह ही सकता हूँ
सड़-गल कर मौत की ओर बढ़ते हुए
अपने सीने में जा धँसे, उस विष बुझे
ख़ंजर को तो याद कर ही सकता हूँ

अपने हरम और हरम से बाहर
जिन औरतों के जिस्मों को मैंने ज़बरदस्ती
रौंद डाला वे सब जीत गईं
मैं हार गया, अयोध्या का नवाब हार गया।

ख़ैरुन्निसा बेगम*

मीरबख़्शी की नज़र का खोट
मैंने पहचान लिया था मगर वह इस हद तक
पहुँच जाएगा मुझे उम्मीद न थी

मुग़ल शहज़ादी मैं इसी गुमान में थी
कि सल्तनत की मर्ज़ी के बिना मेरी तरफ़
हाथ बढ़ाने वाले को धड़ पर अपनी
गर्दन को देखना होगा टटोलकर

मगर मैं भूल गई कि इस वक़्त
बादशाह की गर्दन पर उसका हाथ है
और ख़ुद सल्तनत ने उसे
अपने इतने क़रीब पहुँचने दिया है

कमज़ोर बादशाहत वज़ीर का ईमान
बिगाड़ने में देर नहीं लगाती, तख़्त के सामने
सदा सिर झुकाए खड़ा वज़ीर भी
बादशाह होने का ख़्वाब देखने से नहीं चूकता

बादशाह की ज़िन्दगी में औरतें न भरी हों
तो उसकी बादशाहत फीकी और उसके हरम में
जीतकर, छीनकर, लूटकर लाई गईं
बेगमें न हों तो उसकी सल्तनत बेरंग

---

* शाहआलम की बहन। मीरबख़्शी होने के बाद जिसकी ओर रुहेला पठान जावेद ख़ान ने हाथ बढ़ाया।

बेगमों की भरमार बादशाह को ही नहीं
उसके मुल्क की अवाम को भी
सल्तनत की ताक़त का अहसास कराती हैं

मीरबख़्शी ने मुग़ल बादशाहत की
क़रीबी के साथ-साथ मुग़ल शहज़ादी की भी
नज़दीकी चाही उसने चाहा जब बादशाहत
उसकी मुट्ठी में तब शहज़ादी क्यों दूर उससे

उसने मुझसे कहा भी शहज़ादी हुज़ूर
मैं मीरबख़्शी आपका, इससे पहले मैं आपको
हासिल करूँ आप मुझे सौंप दें ख़ुद को
ये ठीक उसी तरह था जिस तरह
कभी शैबानी ख़ाँ ने मज़बूर किया ख़ानज़ादा को

बात इस तरफ़ की औरत की हो
या उस तरफ़ की, हर बादशाहत औरत को
हासिल करने के वहशी तरीक़ों का जहाँ बसाये बैठी है
उस जहाँ में आपको दोनों तरफ़ की
शिकार औरतें घिसटतीं मिल जाएँगी

उन औरतों में यह बतलाते हुए
अब मेरा चेहरा भी होने जा रहा है शामिल
कि औरतों की इस लूटमार और छीनाझपटी से
मुग़ल शहज़ादियाँ भी नहीं थीं महफ़ूज़
जिसके दाँतों और नाख़ूनों का दाँव लगता
छलाँग लगाकर वही दबोच लेता उन्हें।

हज़रत बेगम*

ज़हर खाने की धमकी देकर आलमगीर के
बूढ़े हाथों लुटने से तो मैंने ख़ुद को
बचा लिया मगर अब्दाली के हाथों
लुटने से नहीं बचा सकी मैं ख़ुद को

लूटने वाले की बेगम होकर
बादशाही हरमों में क़ैद अपनी उम्र की
उन नुची हुई कई लड़कियों को
देखती हूँ जो ज़हर जैसी रोटियाँ खाकर
जीते जी मर रही हैं और जिनके
बचने की उम्मीद नहीं कोई

जहाँ से मुझे लाया गया वहाँ
मेरे अब्बा हुज़ूर के हरम का भी
यही हाल था और यहाँ मेरे शौहर के
हरम का भी यही आलम है

दोनों तरफ़ मुझ सरीखी कम उम्र
शहज़ादियाँ और बाँदियाँ भरी पड़ी हैं

---

* मुहम्मदशाह की सोलह वर्षीय बेटी। बादशाह बनते ही जिससे शादी करने के लिए छोटा आलमगीर तड़प उठा। हज़रत ने ज़हर खाने की धमकी देकर ख़ुद को बचाया। बाद में जिसे अहमदशाह अब्दाली उठाकर ले गया और अपनी बेगम बनाया। अहमदशाह अब्दाली सैकड़ों बाँदियों और ख़िदमतगारिनों के साथ-साथ छह अन्य मुग़ल शहज़ादियों को भी उठाकर ले गया था। एक कथन यह भी है कि अहमदशाह ने जिसे आलमगीर दूसरा भी कहा जाता है हजरत महल का विवाह अहमदशाह अब्दाली से किया था। एक कथन यह भी है कि आलमगीर ने ही हज़रत बेगम का विवाह अहमदशाह अब्दाली से करवा दिया था।

यहाँ मैं अकेली नहीं लूटकर लाई गई
मुग़ल शहज़ादियाँ और भी हैं

मुग़ल शहजादियाँ बतियातीं
हमारे लुटने से खोखली होती
मुग़ल बादशाहत को अब तक
लूटकर लाई जाती रहीं लड़कियों के
दर्द का अहसास हुआ होगा

कहतीं बादशाहों और शहज़ादों को
न तो अपनी शहज़ादियों के लुटते जाने का
ग़म हुआ न दूसरे की शहज़ादियाँ
लूटते इन्हें हिचक हुई कभी

हमें लूटते और लुटते देख इन्हें
झिझक हुई होती तो हम शहज़ादियाँ
इस तरह नहीं डोलियों में बैठकर
अपने महलों से हुई होतीं विदा
इस तरफ़ की हों या उस तरफ़ की
इनके लिए हम बस औरतें हैं
और हमारी क़िस्मत में पहले से
हम जैसियों से भरा और हमारे
बाद भी भरता जाता हरम है

हरम जहाँ हमारे पास ख़ुद को
एक-दूसरे से ज़्यादा ख़ूबसूरत
बताने की होड़, बादशाह से अपनी
नज़दीकी दिखलाने की बेचैनी
और हरम की मिल्कियत की
चाहत के अलावा कुछ भी नहीं है

हरम हमें जल्दी ही ये भुला देता है
कि यहाँ पहुँचने से पहले हम
ख़ुद को लेकर कैसे ख़्वाब देखती थीं।

साहिब-ए-महल और मलिका-ए-ज़मानी*

लाल क़िले की दीवार पर बिना बुर्क़े के
खड़ा कर दिया गया है हमें किसने किया यह
लग रहा है ये हमने ख़ुद ही किया है

तख़्त हासिल करने के लिए अब तक
दिए गए धोखे भुलाकर, हमें इस हद तक
पहुँचाने वाले के पास हम ख़ुद ही गई

जबकि हम दोनों में से किसी की हैसियत
नूरजहाँ और जहाँआरा जैसी न थी और
मुग़ल सल्तनत भी पहले सी नहीं थी ताक़तवर

जिनके चेहरे देखने को मुग़ल दरबार
तरस गया, उन्हीं मुग़लों के बनाए क़िले पर
मिटती जाती सल्तनत की दो मुग़ल बेगमों को
अपनी आँखें झुकाए तैमूरी शान देख रही है

साम्राज्य का ढहना रोकने की जगह
उसे धक्का देकर मिट्टी में मिलाने की
क्या सूझी हमें मुग़लिया तवारीख पूछ रही है

---

* मुग़ल बादशाह मुहम्मद शाह की बेगमें। मलिका-ए-जमानी ने मीरबख़्शी ग़ुलाम क़ादिर से आलमशाह को तख़्त से हटाकर बदरबख़्श को बादशाह बनाने की सौदेबाजी की। जिसके एवज में मलिका-ए-जमानी ने ग़ुलाम क़ादिर को ग्यारह लाख रुपये देने का वादा किया। जिसमें साहिब-ए-महल भी शामिल रही। मगर ग़ुलाम क़दिर ने सबको तबाह कर दिया।

उस रास्ते पर जो पहले से भरा पड़ा
बादशाह और शहज़ादों के ख़ून से, हमने
चलना कैसे किया मंज़ूर, जिस पर नुची पड़ी
कई बेगमें, शहज़ादियाँ और बाँदियाँ पहले से
उस पर क्यों रखे हमने अपने क़दम

कड़ी धूप में कई दिनों से खड़े शहज़ादे
शहज़ादियाँ भूख-प्यास से मर रहे हैं
जिसे हम तख़्त से बेदख़ल करना चाहती थीं
उस बादशाह की आँखें निकाली जा रही हैं
बनवाई जा रही है उसकी तस्वीर

मुग़ल शहज़ादियों को ज़बरदस्ती सहने
धकेला जा रहा है मीरबख़्शी की आरामगाह में
और लाल क़िला वज़ीर के हाथों पिटतीं
बेगमों की सिसकियों को सुने जा रहा है।